FUNDAMENTOS DA INTELIGÊNCIA ARTIFICIAL

RICARDO MURER

FUNDAMENTOS DA INTELIGÊNCIA ARTIFICIAL

O FUTURO É AGORA

Conceitos, melhores práticas e plataformas para mergulhar na revolução digital

ALTA BOOKS
GRUPO EDITORIAL
Rio de Janeiro, 2025

Fundamentos da Inteligência Artificial

Alta Books é uma empresa do Grupo Editorial Alta Books (Starlin Alta Editora e Consultoria LTDA).

ISBN: 978-85-508-2509-0

Impresso no Brasil — 1ª Edição, 2025 — Edição revisada conforme o Acordo Ortográfico da Língua Portuguesa de 2009.

Dados Internacionais de Catalogação na Publicação (CIP)
(BENITEZ Catalogação Ass. Editorial, MS, Brasil)

M95f
1.ed. Murer, Ricardo
Fundamentos da inteligência artificial : o futuro é agora / Ricardo Murer. – 1.ed. – Rio de Janeiro : Alta Books, 2025.
144 p.; 15,7 x 23 cm.

ISBN 978-85-508-2509-0

1. Chatbot (Programa de computador). 2 ChatGPT. 3. Inteligência artificial – Estudo e ensino. 4. Inteligência artificial – Fundamentos. 5. Inteligência artificial – Inovações tecnológicas. 6. Tecnologia. I. Título.

10-2024/186 CDD 006.3

Índice para catálogo sistemático:
1. Inteligência artificial : Fundamentos 006.3
Aline Graziele Benitez – Bibliotecária – CRB-1/3129

Grupo Editorial Alta Books

Produção Editorial: Grupo Editorial Alta Books
Diretor Editorial: Anderson Vieira
Editor da Obra: J. A. Ruggeri
Vendas Governamentais: Cristiane Mutüs
Gerência Comercial: Claudio Lima

Produtora Editorial: Ana Clara Tambasco
Revisão: Ederli Fortunato e Paulo Aragão
Diagramação: Rita Motta
Capa: Lorrahn Candido

ALTA BOOKS
GRUPO EDITORIAL

Rua Viúva Cláudio, 291 — Bairro Industrial do Jacaré
CEP: 20.970-031 — Rio de Janeiro (RJ)
Tels.: (21) 3278-8069 / 3278-8419
www.altabooks.com.br — altabooks@altabooks.com.br
Ouvidoria: ouvidoria@altabooks.com.br

Editora **afiliada à:**
ASSOCIADO

Agradecimentos

Em minhas reflexões, penso que nada em minha vida seria possível sem os caminhos para o conhecimento abertos por meus pais Lydia e Mario Murer (*in memoriam*). Devo a eles minha paixão por aprender, por ensinar e a minha biblioteca. Agradeço de coração à minha esposa Fabiana, uma pessoa admirável e inteligente, que sempre me incentivou a seguir meus objetivos de vida.

Agradeço também aos amigos: Antonio Higino Viegas, Paulo Cunha, João Rocha, Ismael Rodrigues, Luis Fernando Palermo, Mateus Nicácio, Hilton Takashi, Evaldo Matheus, Julio Flávio de Souza, Marcelo Alves e Arnaldo Leite. Nossas conversas são sempre fonte de inspiração e motivação adicional para que eu siga em minha jornada em busca de conhecimento.

Este livro não seria possível sem a dedicada revisão, sugestões e correções da Profa. Dra. Sabrina Oliveira, coordenadora do curso de Ciência de Dados e Inteligência Artificial do IBMEC BH e Hugo Harada, PhD em Estatística e *Chief Data Officer* da Ânima Educação. A eles devo uma quantidade de obrigados semelhante ao número de neurônios que tenho no meu cérebro!

MUITO OBRIGADO!

R. Murer

Sumário

PARTE 3

PARTE 4

Prefácio

O avanço exponencial do uso de Inteligência Artificial (IA) e a difusão de sua usabilidade tornam essencial a desmistificação de como uma ferramenta pode se tornar tão poderosa, capaz de enriquecer a vida de profissionais em todas as áreas, tornando-a compreensível e aplicável para aqueles que desejam aproveitar seu potencial.

Durante anos, tenho mergulhado nas profundezas das implementações em IA, tanto como pesquisadora quanto como entusiasta. Mas sempre senti falta de uma literatura consistente que conseguisse apresentar uma abordagem passo a passo da evolução, não somente da Inteligência Artificial, mas também da tecnologia em si, e que também fosse capaz de apresentar seus princípios fundamentais, sem a necessidade de um conhecimento técnico prévio ou de se aventurar em sua complexidade de modelos estatísticos e de programação. A ênfase em mostrar como a IA se insere em nosso contexto histórico — suas possíveis bases metodológicas, seus impactos em questões éticas e sociais e como ela pode ser incorporada de forma consciente nos mais diversos campos de atuação para impulsionar a inovação e melhorar a eficiência —, é brilhantemente apresentada neste livro, de forma acessível, consciente e eficiente.

Espero que a obra inspire todos os seus leitores a abraçarem a IA como uma ferramenta valiosa, independentemente de sua área de atuação.

Aproveitem esta jornada. Ao final, a IA estará ao seu alcance para que, a partir de agora, você possa explorar seu potencial ilimitado.

Profa. Dra. Sabrina Oliveira
Coordenadora do curso de Ciência de Dados
e Inteligência Artificial do IBMEC BH

Introdução

Nos último vinte anos, sempre estive envolvido com a criação e desenvolvimento de produtos e serviços inovadores. A jornada da inovação, até dez anos atrás, era basicamente entregar uma nova experiência digital para os clientes, algo mais rápido, de menor custo e com uma interface mais amigável. Até então, não se falava no momento da concepção dos produtos ou serviços inovadores de tecnologias, técnicas ou algoritmos de inteligência artificial (IA).

Entretanto, desde os anos 2000, o mundo entraria numa nova revolução, desta vez promovida pelas plataformas de mídias sociais, em especial Facebook, Instagram e YouTube, que começaram a explorar dados em larga escala (o *Big Data*, o qual vou detalhar no capítulo "Dados e Nuvem") usando de algoritmos baseados em IA para personalizar as experiências de seus usuários e promover campanhas de seus anunciantes com base nas preferências destes, aumentando significativamente suas receitas. Pela primeira vez, aplicações baseadas em IA começavam a ganhar popularidade. Usar dados dos usuários não era algo bem visto em todos os países do mundo, em especial na Europa, onde milhares de pessoas estavam descontentes, sentindo que sua privacidade havia sido violada pelas plataformas de mídias sociais. Esse uso indevido dos dados pessoais dos usuários culminou na publicação, em maio de 2018, pela União Europeia, da *General Data Protection Regulation (*GDPR), um conjunto de leis para proteção de dados dos usuários, o que pode ser considerado o primeiro movimento sério de uma organização política à favor da proteção dos dados dos cidadãos. O Brasil não ficaria atrás, e publicaria seu marco normativo de proteção dos dados, a Lei Geral de Proteção de Dados (LGPD), em 14 de agosto de 2018.

Enquanto Facebook e outras plataformas buscavam meios de convivência pacífica com as leis de proteção de dados, as organizações privadas e instituições públicas iniciaram um movimento para compreender melhor as capacidades da IA e como utilizá-las para inovar, a partir do uso de dados e algoritmos mais sofisticados. Empresas criaram áreas dedicadas para IA e milhares de *startups* surgiram com soluções baseadas em Aprendizado de Máquina (uma subárea da IA) e, mais recentemente, Aprendizado Profundo e Inteligência Artificial Generativa (IA Generativa). Hoje, falar em inovação é o mesmo que falar em IA. Abriram a caixa de Pandora!

Para aqueles que já estavam na área de IA, tudo o que estava acontecendo não era recebido como grande novidade, pois há muito tempo os pesquisadores já haviam escrito sobre o futuro, entre estes o matemático, criptoanalista e cientista computacional Alan Turing que, em 1950, escreveu o que é considerado o primeiro artigo sobre o tema. O termo "inteligência artificial", entretanto, foi definido no verão de 1956, numa conferência que ocorreu no Dartmouth College, nos Estados Unidos. Nas salas dessa universidade, nesse momento único, estiveram reunidos alguns dos mais brilhantes matemáticos e cientistas computacionais da área: John McCarthy, Marvin Minsky, Nathaniel Rochester e Claude Shannon. Alan Turing (por quem tenho profunda admiração) não estava presente, pois havia falecido dois anos antes. Condenado em seu país natal, a Inglaterra, sob acusação de homossexualidade — o que era considerado crime naquele tempo —, Turing foi submetido à castração química. Privado de seus direitos e humilhado pelas autoridades britânicas, Turing cometeu suicídio em 7 de junho de 1954. Um dos maiores gênios da ciência computacional, pai da IA, teve um fim demasiado triste e inaceitável. Penso que ele teria sido um dos expoentes da conferência no Dartmouth College, pois estava muito à frente de seu tempo.

Como cientista computacional, tive contato com IA na década de 1980, ainda estudante universitário. Minha formação foi em linguagens recursivas, tais como Prolog e Lisp. Algo no mínimo, diferente, pois este conceito de recursividade dava um nó na cabeça de estudantes como eu. A recursão na programação é como ter um conjunto de bonecas russas, aquelas que ficam uma dentro da outra, com cada boneca contendo uma menor dentro de si e assim por diante. Para encontrar a menor boneca, você precisa abrir uma boneca de cada vez até chegar à menor delas. Da mesma forma, na recursividade de Prolog e Lisp — essa última linguagem uma invenção de John McCarthy —, pegamos um problema grande e quebramos em subproblemas menores e aninhados. Resumindo, usamos técnicas de resolução de problemas que envolvem dividir tarefas em subtarefas menores, e vamos resolvendo iterativamente.

Essas linguagens, além de outros conceitos da época, não estavam muito em evidência, pois naquele tempo distante, a IA vivia um de seus "invernos", período que teve início na década de 1970 e durou até o final da década de 1980. Durante esse tempo, a IA esteve bem desacreditada, pois havia falhado em cumprir suas promessas, em especial a de entregar sistemas capazes de realizar tarefas humanas de forma autônoma. O financiamento para projetos de IA era bem limitado e a área enfrentava limitações tecnológicas (como veremos neste livro, algoritmos e soluções baseadas em IA precisam de alto poder computacional para processar dados em grande escala). Tudo isso fez o interesse do público na IA ficar em baixa por muitos anos. Mesmo assim, após minha graduação, segui nos estudos, aprendendo e explorando diferentes ferramentas, plataformas e linguagens. De alguma forma, eu sabia que a IA tinha potencial para mudar o mundo e estava seguro de que entraríamos numa era de acelerado desenvolvimento de inovações baseadas em IA. Somente quando as plataformas de mídias sociais começaram a explorar de forma sistemática os dados disponíveis de seus clientes, a IA começou a renascer. Mesmo assim as iniciativas eram tímidas, quase inexistentes. Felizmente, no mundo acadêmico, centenas de pesquisadores com acesso a computadores de alta performance seguiram suas pesquisas. Mas dois fatores mudariam o cenário da IA e o mundo corporativo radicalmente: a chegada da computação em nuvem e a queda de custos para uso de tecnologias para processamento de dados. Finalmente, as condições ideais haviam chegado e eu ainda estava por aqui para aproveitar o momento.

Outra questão totalmente nova era que, ao contrário de outras tecnologias habilitadoras, tais como o *e-commerce* ou aplicativos móveis, a IA trazia desdobramentos éticos numa escala nunca vista antes. Mas afinal, o que é ética? Como isso tem relação com a tecnologia da informação e em especial com a IA? Em busca de compreender melhor, além de ler livros sobre o tema, mergulhei nos estudos e obtive uma certificação em ética na Oxford University para me aprofundar no tema. De fato, estamos somente observando o começo de todos os problemas éticos que a IA trouxe com suas mais diferentes aplicações e usos. Algo ainda mais preocupante, é que a maioria das organizações atua de forma reativa, isto é, coloca no mercado seus sistemas ou serviços baseados em IA, para depois enfrentar as consequências públicas e jurídicas por ter violado algum princípio ético. Não por acaso, neste livro escrevi um capítulo denso onde abordei algumas das questões éticas atuais mais relevantes e descrevo como uma organização pode criar seu "guia de princípios éticos" para agir, de forma preventiva, durante todas as fases de um projeto de produtos ou serviços baseado em IA, da concepção e desenvolvimento ao lançamento e monitoramento para, assim, evitar problemas com as leis vigentes, comprometer sua marca e, ainda pior, perder seus clientes.

Reconheço que escrever sobre IA não é tarefa das mais fáceis. Faz ao menos cinco anos que venho lendo livros, pesquisando, tomando notas, escrevendo artigos, participando de grupos de interesse, atuando em projetos e reunindo textos sobre o tema. Eu estava numa busca por encontrar uma narrativa que fosse capaz de conectar tudo o que acontecia na área. Cheguei à conclusão de que esta seria uma missão completamente impossível, digna de Ethan Hunt, pois a IA segue em franco desenvolvimento — posso dizer que toda semana há uma nova pesquisa publicada que poderá mudar profundamente alguma coisa em nossa sociedade. Mas um evento especial me levou a encarar o desafio de transformar em livro todo o conhecimento que eu vinha adquirindo nestes últimos anos: o convite para ministrar a aula magna no IBMEC em Belo Horizonte, para os alunos da pós-graduação. Fiquei inicialmente surpreso, mas acredito que professores e coordenadores, tendo assistido anteriormente uma de minhas palestras, e sabendo de minha paixão por ensinar (eu já fui professor universitário por oito anos!), decidiram me enviar o convite. Evidentemente, aceitei de imediato! Desafio aceito, arregacei as mangas e passei alguns finais de semana refletindo, pesquisando e preparando a aula. Tudo pronto, lá fui eu para cidade de Belo Horizonte, na sede do IBMEC.

Estava empolgadíssimo, com minha uma aula pronta, a qual dei o nome de "A Arte da Inovação", onde a IA era o fio condutor da narrativa. Depois das apresentações, iniciei a aula e, à medida que seguia com minhas explicações, observava o interesse e a curiosidade crescente no olhar dos alunos e professores. Ao final, fui aplaudido por todos, muitos aplausos. Confesso que fiquei bem emocionado. Aquele foi um momento especial em minha carreira, uma experiência absolutamente incrível. Foi no exato momento em que veio um *insight:* "Se todos gostaram desta aula, por que não expandir para um público ainda maior?" Foi essa vontade que me motivou a revisitar meus textos, pesquisar mais a fundo e escrever este livro que agora você tem nas mãos.

Buckminster Fuller, arquiteto e inventor norte-americano, em seu livro *Critical Path* [sem publicação no Brasil] lançado em 1982, criou uma teoria chamada de "curva de duplicação do conhecimento". Segundo sua teoria, em 1900 o conhecimento humano dobrava aproximadamente a cada 100 anos. Já no final de 1945, a taxa era a cada 25 anos. Em 1982, dobrava a cada 12 ou 13 meses e, em 2020, a cada 12 horas! Isto mesmo, 12 horas. A razão para esta escala exponencial está na forma como produzimos e consumimos conteúdos de todos os formatos hoje, no conforto de nossas casas, no ônibus, no trem ou no avião, por meio de *smartphones*. Saber usar este *momentum* digital a nosso favor é a chave para criarmos um futuro completamente diferente do que vivemos hoje. Sou daqueles que acredita que um livro é sem dúvida um dos meios mais efetivos de se passar conhecimento. Eu gostaria que este livro fosse capaz de transmitir o conhecimento mínimo necessário para que o leitor, sem uma base ou conhecimento de tecnologia, pudesse compreender os fundamentos e melhores práticas, e assim saber como iniciar uma jornada de inovação baseada em IA. Mais do que olhar para o futuro e escrever como um visionário, imaginando cenários possíveis, penso que este é um momento em que temos centenas de milhares de alunos e profissionais com interesse em aprender mais sobre IA, pois o assunto está em todos os lugares, das reuniões executivas, aos bares da cidade, das salas de aula, até as quadras de *beach tennis*, todo mundo está falando de IA, e ninguém quer ficar por fora.

O livro *Fundamentos da Inteligência Artificial* foi pensado e escrito para alunos e profissionais de diferentes áreas, com mínima ou nenhuma experiência em tecnologia. A ideia é que este livro sirva como uma introdução e referência para estudos e projetos pessoais ou profissionais. Tomei cuidado para não seguir esta jornada de conhecimento sozinho, por isso, o conteúdo deste livro foi revisado por dois especialistas da área: a Profa. Dra. Sabrina Oliveira, coordenadora do curso de Ciência de Dados e IA do IBMEC, e Hugo Harada, PhD e *Chief Data Officer* do Grupo Ânima Educação. Escrito numa linguagem simples e objetiva, o livro está dividido em quatro partes ou grandes temas, todos interconectados, mas que podem ser lidos de forma independente.

A primeira parte é dedicada às revoluções tecnológicas e seus impactos em nossa sociedade, até a quarta revolução digital, a qual estamos vivendo atualmente. Para o professor Luciano Floridi [FLORIDI, 2014], vivemos numa *Infoesfera*, onde real e digital se fundiram. Um passo além, por conta do Big Data e da computação em nuvem, as soluções baseadas em IA começam a se tornar mais presentes e automatizar algumas de nossas capacidades cognitivas mais simples. A aceleração fica evidente quando observamos os números de mercado. Segundo o *Insider Intelligence,* do *Business Insider*, chatbots podem economizar US$ 11 bilhões por ano nos setores de bancos, saúde e varejo por conta de novas arquiteturas baseadas em IA. Nessa parte, o leitor também vai encontrar um capítulo dedicado à "quinta revolução digital", onde faço uma reflexão sobre dois cenários possíveis, considerando a chegada da IA Geral ou Superinteligente.

A segunda parte é dedicada a todos os principais fundamentos e conceitos da área de IA. O conteúdo desta parte foi pensado de forma a ser acessível e de fácil compreensão, elaborado de forma didática, com exemplos para facilitar a compreensão. Faço um passeio pelas principais técnicas usadas em Aprendizado de Máquina, Aprendizado Profundo e IA Generativa, que deu origem ao ChatGPT. Para o leitor que tem curiosidade, que quer saber mais sobre IA e busca entender os principais termos da área quando está, por exemplo, numa reunião de trabalho ou numa conversa com amigos "nerds", tenho certeza de que a leitura vai ajudar bastante.

A terceira parte, chama-se "Ética" e nela são abordados alguns dos principais desafios que a adoção de sistemas e aplicativos baseados em IA impõe à nossa sociedade. Para melhor entendimento, faço uma abordagem mais profunda das cinco questões éticas mais prementes no momento atual: responsabilidade, privacidade, trabalho e desemprego, direitos autorais e *bias* ou viés.

Finalmente, chegamos à quarta e última parte do livro, a qual gosto de chamar de "mão na massa". Para que o leitor tenha uma ideia mais completa da área e sua parte aplicada, escrevi um capítulo para apresentar as plataformas e um conjunto de serviços e ferramentas de fácil acesso e uso que estão sendo adotados por organizações e universidades em todo o planeta, quando o assunto é criar e desenvolver produtos e serviços baseados em IA. A boa notícia é que empresas líderes na área digital, tais como Amazon Web Services (AWS), Google e Microsoft, estão disponibilizando uma série de serviços pensando no público que não possui *background* na área de tecnologia. Uma das estratégias é o uso de interfaces visuais que exigem baixo ou nenhum conhecimento de programação, dentro da linha *Low-code/No-code*. Há também uma busca por soluções que possam automatizar parte do desenvolvimento de código ou programação a partir do uso de frases de comando em linguagem coloquial, ou *prompts*. A chegada do ChatGPT OpenAI é um exemplo dessa abordagem. Muita gente sem nenhum conhecimento de programação conseguiu, escrevendo uma frase com a descrição do website desejado, que o ChatGPT gerasse o código fonte. Algo que, há pouco tempo, somente seria possível a partir da contratação de um programador. Apesar de ainda estar no início e apresentar diferentes tipos de problemas, já podemos visualizar um futuro próximo onde essas ferramentas serão bem mais eficientes, e representarão a chave do sucesso de muitas inovações baseadas em IA.

Buscar compreender os fundamentos, a história, as ferramentas e as melhores práticas desta área fascinante é uma forma de se manter no jogo. Para isso, não podemos parar de aprender, precisamos adquirir novos conhecimentos todos os dias. Para dominar a IA, precisamos primeiro conhecê-la, compreender como funciona. Somente assim, seremos respeitados pelas futuras máquinas baseadas em IA.

PARTE 1

"O grande rugido do motor de mudança é a tecnologia."

Alvin Toffler
(futurista norte-americano, 1928–2016)

As Revoluções Tecnológicas

Há momentos na história da humanidade em que nos deparamos com avanços científicos e tecnológicos que irão se desdobrar em mudanças radicais em nossa sociedade. Um autor em especial influenciou o pensamento de toda uma geração, quando pensamos nas mudanças provocadas pela adoção em escala global de novas tecnologias, capazes de mudar nossos meios de produção, sociedade e economia. O nome dele é Alvin Toffler [TOFFLER, 1970; TOFFLER, 1990], autor de vários livros e considerado um dos maiores futuristas de todos os tempos. Apesar de pouca gente falar dele atualmente, seu livro *O Choque do Futuro*, publicado em 1970, foi um best-seller, tendo vendido mais de 6 milhões de cópias na época! Nele, Toffler descreve três "ondas" (este é o nome adotado por ele), para caracterizar um modo dominante de produção e organização social. Ele identifica a primeira onda como a era agrária, a segunda onda como a era industrial, e a terceira como a era da informação. Vou elaborar de forma breve, por uma visão histórica, as primeiras três ondas, que aqui vou chamar de revoluções, para depois introduzir a quarta revolução, com base nos conceitos elaborados pelo prof. Luciano Floridi [FLORIDI, 2014]. Mas primeiro vamos às três revoluções ou ondas que mudaram profundamente nossa sociedade.

A primeira, conhecida por revolução agrícola ocorreu por volta de 10 mil a.C., quando deixamos de ser caçadores-coletores nômades para nos tornarmos plantadores de batatas (de fato, segundo pesquisas arqueológicas, as primeiras culturas foram trigo e cevada na região do Crescente Fértil do Oriente Médio). Com bem colocou Yuval Noah Harari [HARARI, 2015] em seu livro *Sapiens*: "o trigo conquistou o homem" e, assim, começamos a criar pequenas comunidades que depois viriam a se tornar cidades. Isso marca o início de nossa civilização organizada.

Saltamos milênios à frente e chegamos ao século XVIII, à chamada segunda revolução ou simplesmente revolução industrial, a qual aconteceu inicialmente na Europa, que entrava num período de inovações tecnológicas importantes como a máquina a vapor, o tear mecânico e a máquina de fiar, bem como o início do desenvolvimento das ferrovias e estradas. Historicamente, esse período marca o início da automação da força de trabalho e a gradativa (algumas vezes nem tão gradativa) substituição do trabalho físico humano por máquinas. Jeffrey Sachs [SACHS, 2005], economista norte-americano, divide a revolução industrial em três fases: a primeira relacionada ao desenvolvimento da máquina à vapor e à organização da indústria para produção em larga escala; a segunda fase marcada pela chegada de navios oceânicos a vapor, pelo comércio global e por dois projetos colossais de infraestrutura, os canais de Suez e do Panamá; e uma terceira fase marcada pela eletrificação da indústria e das cidades e pela chegada dos motores de combustão interna. Em cada uma das fases de Sachs, é possível observar uma aceleração contínua nos sistemas de produção, alavancados pelo surgimento de novas invenções tecnológicas. Mas nem tudo são flores. Historicamente, a revolução industrial teve efeitos colaterais negativos, trazendo problemas sociais que nunca existiram no passado, tais como desemprego em massa, polarização da riqueza, problemas de saneamento e poluição nas cidades e exploração do trabalho infantil.

A terceira revolução é chamada por Toffler de "era da informação". De acordo com ele, os avanços tecnológicos permitiram conectividade global em tempo real, transformando a forma como as pessoas se comunicam, trabalham, consomem informações e se relacionam. Deixamos as válvulas para adotar os microchips, computadores, hardware, software e as redes de comunicação global — sim, exatamente, a Internet. Devemos também considerar parte dessa revolução a adoção em escala global de dispositivos móveis, mídias sociais, IA, computação em nuvem e uso massivo de dados pelas organizações.

Mas essas tecnologias não chegaram até nós todas de uma vez, foram ondas ou "revoluções" que se espalharam mundo afora, mudando profundamente nossa sociedade, reconfigurando a economia, a política, a cultura e o cotidiano das pessoas em todo planeta.

Há diferentes abordagens e perspectivas para compreensão da era da informação [ARTHUR, 2009; FLORIDI, 2014; JENKINS, 2003; NEGROPONTE, 1995; PEREZ, 1983; SMIHULA, 2010]. Após pesquisa extensa, reconheço que dividir a "era da informação" em quatro grandes momentos ou revoluções faz sentido. Não há um autor ou pesquisador que possa ser creditado por essa divisão, mas há um consenso no que diz respeito ao fato de que a era da informação passa por fases distintas, num efeito de sobreposição ou cascata, isto é, tecnologias e sistemas de fases anteriores acabam por servir de base ou plataforma para os avanços digitais de fases posteriores. Assim, vou adotar uma divisão em quatro fases. Usarei o termo "revolução", considerando o impacto global do conjunto de cada uma dessas tecnologias na sociedade como um todo.

A primeira revolução digital começou na década de 1970 e foi marcada pela transição dos computadores de grande porte, gigantes que ficavam em ambientes seguros e fechados (mas sempre bem refrigerados) para os computadores pessoais. Isso foi possível devido ao desenvolvimento e à produção em escala de microprocessadores. Nos anos 1980, as casas começaram a ter um novo tipo de objeto sobre a mesa, o computador pessoal, ou *personal computer* (PC). Embora nos primeiros anos os preços ainda fossem bem salgados, a queda de preços foi rápida, e milhões de pessoas puderam ter em casa seus computadores pessoais. Uma das inovações mais importantes que ajudou a escalar a adoção dos PCs foi a interface gráfica do usuário ou *Graphical User Interface (GUI)*. Segundo a lenda, quem primeiro teve a ideia de usar ícones, isto é, pequenas imagens que representavam ações complexas do PC, foi a empresa Xerox. Dois empreendedores da época visitaram a Xerox para conhecer a interface gráfica: Steve Jobs e Bill Gates. O resto da história, bem, você já conhece.

A segunda revolução digital teve início na década de 1990 com o surgimento da internet e da *World Wide Web ou* WWW. A história da WWW é um exemplo de como temos condições de promover tecnologias inovadoras de forma gratuita e democrática mundo afora. A ideia veio de Tim Berners-Lee, um engenheiro e cientista computacional britânico, então funcionário no CERN (Organização Europeia para a Pesquisa Nuclear). Em 1993, cansado das dificuldades para compartilhar e acessar informações na internet, ele escreveu a proposta de um sistema para resolver o problema e, além disso, também criou o primeiro servidor web, a primeira página e o primeiro navegador chamado "World Wide Web" ou "WWW". No ano de lançamento, o número de páginas web publicadas era de cerca de 130, isso mesmo, pouco mais de cem páginas. Mas, no ano 2000, esse número havia crescido para cerca de 2 bilhões. Atualmente, considerando as páginas indexadas pelo Google, podemos dizer que temos alguns trilhões de páginas web publicadas.

Nos anos 2000, entramos na terceira revolução digital, marcada pela chegada das mídias sociais. Você se lembra do Orkut e do MySpace? Depois o Facebook, o Instagram, e com elas temos o Big Data (no capítulo chamado "Dados e Big Data", o leitor vai encontrar mais detalhes), conceito que representa a captura, processamento e uso de volumes colossais de dados não estruturados . Também é nessa fase que dispositivos móveis, em especial os celulares, iniciam seu domínio e onipresença planetária. Sempre penso ser importante lembrar esse fato, pois muitos já se esqueceram que o nome telefone celular se aplicava ao dispositivo móvel naquela década porque ele era somente um telefone. Na medida em que novos serviços e aplicativos foram sendo embarcados neste telefone móvel, ele deixou de ser somente um telefone móvel para se tornar um telefone inteligente ou *smartphone*. As mídias sociais democratizaram a informação e a distribuição do conteúdo, deram voz às minorias e amplificaram a comunicação entre as pessoas de uma forma nunca vista antes [CASTELLS, 2003; CASTELLS, 2010]. Em alguns países, exerceram papel fundamental na luta pelos direitos civis e na proteção de cidadãos perseguidos politicamente. Segundo Manuel Castells [2]: "Na verdade, em vez de ser usada pelo governo para vigiar seus cidadãos, a Internet poderia ser usada pelos cidadãos para vigiar seu governo."

Por outro lado, nesta fase, a mídia impressa começou a passar por intensa transformação, e alguns dos grandes grupos de mídia ou encerraram suas operações ou se tornaram 100% digitais. Como veremos a seguir, o mesmo efeito de transformação que a terceira revolução digital provocou na mídia impressa, a quarta revolução está promovendo nas redes televisivas, com a chegada do *video streaming* em escala global.

A quarta revolução digital é nosso momento presente e ainda está em franco desenvolvimento. É marcada pelo uso massivo de dados, o Big Data, por governos e organizações como diferencial competitivo, o surgimento de novas formas de transações financeiras, tais como o bitcoin e comércio eletrônico baseado em mídias sociais, início da robótica para uso doméstico e o domínio de serviços e aplicativos inovadores baseados em IA, em especial, fazendo uso de Aprendizado de Máquina (*machine learning*) e Aprendizado Profundo *(deep learning*). Também é parte fundamental desta revolução a computação em nuvem (*cloud computing)*, nova forma de construção de infraestrutura e armazenamento de dados mais flexível e veloz, com custos variáveis e reduzidos. Esses conceitos serão explorados mais a fundo neste livro.

Agora você deve estar se perguntando: "E como será a quinta revolução digital?" No capítulo seguinte, faço uma reflexão sobre nosso futuro considerando as evoluções já previstas para IA.

“A Inteligência Artificial é provavelmente a melhor ou a pior coisa que pode acontecer à humanidade.”

Stephen Hawking
(físico teórico e cosmólogo, 1942–2018)

A Quinta Revolução Digital

As sementes tecnológicas para que a quinta revolução digital aconteça já foram plantadas. A próxima revolução poderá ser conduzida fundamentalmente por uma IA Geral ou Superinteligente, que possui capacidades cognitivas semelhantes ou superiores à nossa. Sim, exatamente isso: corremos o sério risco de não estarmos à frente da quinta revolução digital. Mas quais são essas sementes? E há algum tipo de saída para que nós possamos vir a participar ativamente, ou até mesmo retomar as rédeas, de nosso futuro? Nick Bostrom [BOSTROM, 2014] argumenta que o desenvolvimento da IA Geral ou Superinteligente pode ser acompanhado por uma "explosão de inteligência", ultrapassando rapidamente as habilidades cognitivas humanas. E ele não está sozinho nessa corrente de pensamento.

Nota importante: Neste breve capítulo, vou usar alguns dos principais temas que serão abordados em capítulos posteriores — serão pequenos *spoilers* para sustentar minha argumentação. Usarei os temas de forma bem objetiva, sem a densidade e a profundidade dos capítulos mais à frente. De certa forma, isso também serve para aguçar a curiosidade do leitor para seguir adiante na leitura do livro.

Uma revolução tecnológica, como vimos no capítulo anterior, sempre pavimenta o caminho para a revolução seguinte. W. B. Arthur [ARTHUR, 2009], economista e teórico da complexidade, em seu livro *The Nature of Technology* [sem publicação no Brasil], lançado em 2009, argumenta que as tecnologias não são invenções isoladas, mas sistemas interconectados e evolutivos que se complementam. Ele descreve a tecnologia como um processo "combinatório", onde inovações são criadas pela combinação de tecnologias existentes de novas maneiras. As duas sementes tecnológicas que serão fundamentais para chegarmos à IA Geral ou Superinteligente são: a computação quântica e a computação neuromórfica, e a junção destas duas frentes de pesquisas e aplicações numa nova arquitetura chamada "computação quântica neuromórfica".

A computação quântica [MARKOVIC et al., 2020; KRENN et al., 2023] representa uma mudança de paradigma na computação. Ao contrário dos computadores clássicos que dependem de bits (dígitos binários), os computadores quânticos utilizam bits quânticos, ou qubits, que podem existir em múltiplos estados simultaneamente. Isso permite que os computadores quânticos realizem cálculos complexos em velocidades exponencialmente mais rápidas do que os supercomputadores convencionais. A computação quântica emerge como uma tecnologia revolucionária que irá acelerar o treinamento, o aprendizado e o desenvolvimento da IA Geral ou Superinteligente, com capacidade de cognição igual ou superior à nossa. Essa IA é o graal dos cientistas computacionais, um sistema capaz de realizar qualquer tarefa intelectual que um ser humano pode executar.

A segunda tecnologia que irá sustentar a revolução da IA Geral é a computação neuromórfica [SCHUMAN et al, 2022; SHRESTHA et al., 2022; IVANOV et al., 2022]. Em 1989, Carver Mead, professor de Engenharia Elétrica e Ciência da Computação na Caltech, publicou o livro *Analog VLSI and Neural Systems* [sem publicação no Brasil], onde apresentou o conceito de engenharia neuromórfica, ou computação neuromórfica. Computadores ou sistemas baseados em arquitetura neuromórfica possuem seu processamento e memória regidos por neurônios e sinapses. Ao contrário das arquiteturas clássicas (ainda em uso atualmente), também chamadas de von Neumann, que são compostas de CPUs e unidades de memória separadas, onde os dados e as instruções são armazenadas nesta última. Diferentes projetos de IA neuromórfica já estão em andamento, usando técnicas para simular o funcionamento de neurônios e sinapses. Ao fazer uso extensivo de princípios de paralelismo, conectividade e plasticidade encontrados no cérebro humano, a computação neuromórfica promete construir sistemas de IA que podem aprender e raciocinar de maneiras mais próximas da inteligência humana [COLOVAN et al., 2004]. Uma das vantagens da computação neuromórfica é sua eficiência energética, que se assemelha à forma como o cérebro consome pouca energia para realizar tarefas complexas. Ao contrário dos supercomputadores atuais, que consomem enormes quantidades de energia para tarefas intensivas de IA, a computação neuromórfica oferece a possibilidade de implementar sistemas de IA de alto desempenho e baixo consumo energético, tornando-os adequados para aplicações em dispositivos móveis e ambientes com recursos limitados.

O próximo passo, também em andamento, é a "computação neuromórfica quântica", que implementa fisicamente as redes neurais neuromórficas, inspiradas no cérebro humano, em hardware quântico, acelerando o poder de processamento. Atualmente, em diferentes cenários e aplicações, microchips neuromórficos, tais como o Loihi da Intel e o TrueNorth da IBM, estão demonstrando potencial para melhorias significativas na eficiência energética, na aceleração do treinamento de redes neurais explorando o paralelismo quântico e no reconhecimento de padrões. O futuro é bastante promissor. Assim, posso dizer que as principais tecnologias habilitadoras para criar uma IA capaz de superar nossa capacidade cognitiva já estão em franco desenvolvimento. Para J. Storrs Hall [HALL, 2007]: "Uma máquina racional teórica, em última análise, preveria os resultados de suas ações e perseguiria constantemente o curso ideal. Seria infinitamente criativa, nunca tendo de confiar no hábito ou nas habilidades arduamente aprendidas." Isto, a princípio, parece bem assustador.

Então, como ficaríamos num cenário onde a IA Geral ou Suprinteligente estivesse pronta para um lançamento global, tendo sido desenvolvida por uma *startup*[1] ou um dos cinco gigantes globais da tecnologia[2]? E se esta IA fosse ainda mais além, sendo também capaz de sentir (ou

[1] Depois que a *startup* OpenAI lançou o ChatGPT, a possibilidade de que uma *startup* também possa estar à frente da IA Geral ou Superinteligente não deve ser descartada.

[2] Apple, Alphabet (Google), Amazon, Facebook (Meta), e Microsoft.

simular) emoções? O físico sueco-americano e cosmólogo Max Tegmark [TEGMARK, 2017] apresenta em seu livro *Vida 3.0: O ser humano na era da inteligência artificial,* publicado em 2017, diversos possíveis cenários, considerando a evolução da IA para uma máquina com inteligência superior à nossa. Alguns dos cenários estão mais para filmes de ficção científica, outros porém fazem sentido. De minha parte, procurei refletir sobre as revoluções tecnológicas passadas, estudar algumas das pesquisas mais avançadas na área da computação e IA. Vivemos num momento único, onde a IA está onipresente em diferentes áreas do conhecimento, influenciando o modo de agir e trabalhar das pessoas, definindo estratégias comerciais de empresas globais e até mesmo criando obras de arte. De um lado há os entusiastas apaixonados, que somente conseguem ver o lado positivo da IA, de outro os alarmistas, entre estes alguns respeitados filósofos e cientistas computacionais, que estão dando entrevistas sobre como a IA acabará aniquilando a humanidade, algo próximo de filmes como *O Exterminador do Futuro*. Imaginar os efeitos colaterais negativos ou positivos da IA em nossas sociedades e instituições, não é tarefa das mais fáceis. De minha parte, vou resumir as duas correntes antagônicas de pensamento atuais em dois cenários possíveis, pois não acredito em um caminho do meio, visto que a IA já tem demonstrado que será capaz de agir por conta própria nas próximas décadas — a questão é como ela irá fazer isso e as consequências para nossa sociedade. A esses cenários dei o nome de "Passivo" e "Ativo".

- **Cenário Passivo**

  Neste caso, não faríamos absolutamente nada, de início. Como tem acontecido com os atuais sistemas de IA que são desenvolvidos por *startups* ou gigantes da tecnologia, esta IA seria disponibilizada via internet, ou acoplada num robô com habilidades humanas e passaria a conviver conosco. Não teríamos de início como avaliar todo o potencial destrutivo ou colaborativo desta nova IA, até porque ela pode ter um início embrionário e evoluir gradativamente por meio da interação conosco e algoritmos sofisticados de autoaprendizagem. Mas na medida em que esta IA Geral ou Superinteligente começasse a ocupar cada vez mais espaços humanos, em especial no trabalho, na educação e medicina (áreas consideradas críticas para nossa evolução e sobrevivência), isso nos levaria para o futuro apresentado pelo cientista computacional e futurista Ray Kurzweil [KURZWEIL, 2005], no qual vamos integrar nosso cérebro com a inteligência artificial e outras tecnologias avançadas, aprimorando assim nossas capacidades cognitivas. Neste caso, alguns de nós (não todos porque isto seria uma opção para seres humanos envolvidos no progresso científico e tecnológico de nossa sociedade) se tornariam uma espécie diferente, um ciborgue, parte humano, parte tecnologia. Ficção científica? Em seu livro *iBrain: Surviving the technological alteration of the modern mind* [sem publicação no Brasil], lançado em 2008, Gary Small e Gigi Vorgan [SMALL & VORGAN, 2008] afirmaram: "Num futuro não muito distante, nós teremos a capacidade de monitorar e estimular atividades de células individuais ou neurônios de nosso cérebro." Hoje, basta acompanhar Elon Musk e sua empresa Neuralink [DIMITRI, 2021; PISARCHIK et al., 2019], a qual está avançando rapidamente na relação simbiótica entre humanos e IA, para termos uma ideia de um futuro possível. A visão de Musk gira exatamente em torno de uma interface cérebro-computador que permitirá aos humanos se conectarem diretamente a sistemas baseados em IA, incorporando efetivamente os diferentes modelos e algoritmos da inteligência artificial em nosso córtex cerebral. Mesmo assim, este tipo de ser humano híbrido, homem-máquina, não seria capaz de dominar ou controlar a IA Geral ou Superinteligente, a qual continuaria a aprender e adquirir conhecimento de forma muito mais acelerada do que nós. O futuro de nossa sociedade não estaria mais em nossas mãos. Se isto é bom ou ruim, vamos ter que chegar a esta possível realidade para avaliar.

Cenário Ativo

Considerando que nos dias de hoje, os atuais sistemas ou serviços baseados em IA estão se revelando em parte nocivos para sociedade (veremos em mais detalhes no capítulo dedicado à "Ética Computacional"), leis e regulamentações internacionais (as quais já existem hoje) terão adquirido maior importância e relevância no futuro próximo, o que vai levar governos e organizações de direitos humanos de todo planeta a tornarem-se mais vigilantes, impondo leis cada vez mais rígidas para *startups* e empresas envolvidas no progresso da IA Geral ou Superinteligente. Também haverá uma definição dos limites cognitivos permitidos para as IAs, tendo como referência nossa evolução e nossa capacidade natural de adquirir novos conhecimentos. Além disso, algoritmos de controle ético, moral e comportamental serão desenvolvidos e embarcados nas IAs, garantindo que estas, por conta da autoaprendizagem, não ultrapassem os limites impostos pela sociedade. Neste cenário estaríamos ainda no controle, mas correndo um sério risco de atrasar ou bloquear nosso progresso científico e tecnológico. Isso porque, como já estamos vendo hoje, IAs bem menos capazes do que uma IA Geral ou Superinteligente já estão contribuindo para descoberta de novos medicamentos, geração de códigos de programação e tradução simultânea de textos, agricultura de precisão, astrofísica, previsão e ajuda em desastres naturais, somente para citar algumas áreas de alto impacto.

Estamos para entrar na quinta revolução digital, e ao considerarmos o futuro potencial da IA Geral ou Superinteligente, é essencial que tenhamos consciência não só dos benefícios, mas também dos riscos e incertezas que essa nova etapa da nossa evolução tecnológica apresenta. Não tenho dúvida de que considerações éticas se tornarão cada vez mais vitais à medida que a IA se aproxima de nossa capacidade cognitiva e vamos nos tornando mais dependentes dela para operar os mecanismos sociais dentro dos quais estamos inseridos. Equilibrar o avanço da IA com o desenvolvimento responsável será crucial para evitar consequências indesejadas ou, no limite, até mesmo aniquiladoras. Seremos capazes de usar a IA Geral ou Superinteligente, uma vez que ela tenha superado nossa capacidade cognitiva, para construir uma sociedade mais justa e equilibrada do que a atual? Essa é a pergunta para qual eu não tenho uma resposta.

PARTE 2

"Os algoritmos que orquestram nossos anúncios estão começando a orquestrar nossas vidas."

Eli Pariser
(autor de *The Filter Bubble: What the Internet is Hiding From You*)

Algoritmos

Escrever sobre IA é escrever sobre algoritmos. Podemos dizer que eles formam o tecido que conecta todos os modelos e aplicações em uso atualmente. Se há um segredo na história da ciência da computação e da IA, ele se chama "algoritmo". Para compreender melhor a importância do conceito e uso dos algoritmos na IA, é fundamental compreender que a ciência da computação, e claro, a IA, estão fundamentadas na matemática, ou melhor, em várias áreas da matemática, tais como lógica, estatística e probabilidade, teoria dos números, combinatória, entre outras. Mas vamos à origem do algoritmo.

A palavra "algoritmo" tem sua origem no nome do matemático persa Muḥammad ibn Mūsā al-Khwārizmī ou simplesmente al-Khwarizmi, autor de um livro emblemático do século IX, no qual introduziu o uso sistemático de algoritmos. Para se ter uma ideia do quanto ele foi influente para nossa sociedade, foram traduções para o latim de seu livro de aritmética *Algorithmo de Numero Indorum*, as responsáveis por introduzir o sistema numérico posicional decimal no mundo ocidental, e claro, o conceito de algoritmo. Na Idade Média, algoritmos foram usados para cálculos práticos, influenciados por matemáticos como Euclides.

Mas foi Ada Lovelace quem teve a visão extraordinária de associar algoritmo com o funcionamento de máquinas matemáticas. Filha do poeta Lord Byron, Ada se interessou profundamente por matemática e ciências desde sua infância. Como aprendiz de Charles Babbage, ela acompanhou de perto o matemático na invenção e aperfeiçoamento da "máquina analítica", uma calculadora mecânica muito avançada para a época. Mas foi em 1842, quando assumiu a responsabilidade de traduzir um artigo sobre a "máquina analítica" que ela acrescentou extensas anotações próprias ao documento. Essas notas contêm o que é considerado hoje o primeiro algoritmo destinado à implementação em uma máquina de computação geral. Ada Lovelace analisou como a máquina analítica poderia ser usada para além de simples cálculos matemáticos, ampliando assim seu uso para outros campos. Ela propôs algoritmos para gerar números de Bernoulli, uma classe importante da matemática. Sua visão da máquina como algo capaz de manipular símbolos, além de números, a coloca como uma pioneira da ciência da computação. Algo que somente encontraríamos novamente com Alan Turing, em seu genial artigo publicado em 1950.

Uma definição simples de algoritmo:

> *"É um conjunto de instruções ou regras bem definidas para solucionar um problema ou executar uma tarefa."*

Essa definição demonstra um fato muito importante: algoritmos podem ser usados para representar uma sequência de passos para resolver problemas em muitas atividades diferentes. Um exemplo simples: imagine que você precisa atravessar uma rua. Intuitivamente sabemos que vamos ter que realizar algumas etapas antes, durante e depois de atravessar a rua. Um possível algoritmo para executar esta tarefa seria:

Algoritmo para atravessar uma rua

1. Caminhar na calçada até a faixa de pedestres.
2. Parar de frente para a faixa.
3. Observar se o semáforo indica "livre para atravessar".
4. Olhar para os carros e observar se estão parados.
5. Se todos os carros estão parados, iniciar a travessia.
6. Continuar caminhando até chegar ao outro lado da rua.

Você pode estar se perguntando: E se estiver vindo um outro veículo, não um carro? E se no meio da travessia o semáforo mudar para "fechado para atravessar"? Enfim, há sempre novas instruções que podem ser adicionadas de acordo com cenários imaginados. Mas o fato é que temos um conjunto inicial de instruções para realizar a tarefa do começo ao fim. Por isso, muita gente, quando fala de algoritmo, também fala "algoritmo é como uma receita de bolo", siga as instruções e você vai conseguir fazer um bolo direitinho. Fácil assim.

Quando os algoritmos são usados na ciência da computação, há uma definição mais específica para eles:

> *"Um algoritmo é uma sequência finita de instruções rigorosas, normalmente usada para resolver uma classe de problemas específicos ou para realizar um cálculo."*[1]

Hoje, vemos a onipresença dos algoritmos no dia a dia da computação, em absolutamente todas as áreas como busca, classificação, compressão, criptografia, gráficos, e claro, na inteligência artificial. Aprendizado de máquina (como veremos mais adiante) é uma ciência de uso extensivo de algoritmos, capazes de devorar dados para fazer predições nas mais diferentes áreas profissionais.

1 Fonte: Wikipedia, "Algorithm". https://en.wikipedia.org/wiki/Algorithm

"Dados e inteligência artificial são a nova eletricidade."

Andrew Ng
(cientista computacional, 1976)

Dados e Big Data

Uma das áreas mais fundamentais da ciência da computação é a área de dados. Podemos dizer que a IA e todas as suas subáreas, e campos de pesquisa associados a ela, dependem de dados. Em 2009, Peter Norvig[1], Alon Halevy e Fernando Pereira (português muito reconhecido na área) publicaram o artigo *The Unreasonable Effectiveness of Data* ou *A eficácia irracional dos dados*, onde demonstraram como algoritmos simples combinados com enormes conjuntos de dados estavam alcançando desempenho espetacular em tarefas como tradução automática, reconhecimento de fala, rotulagem de imagens, entre outras. Mas antes de entrarmos mais fundo no tema, é importante saber a diferença entre dados, informação e conhecimento, algo muito usado nos cursos de introdução à ciência da computação.

Basicamente, podemos representar de uma forma hierárquica a relação entre dados, informação e conhecimento. Na figura 1, temos a representação mais usual:

[1] Peter Norvig é coautor com Stuart J. Russell do livro mais popular e uma referência na área de IA: *Inteligência Artificial: Uma abordagem moderna*.

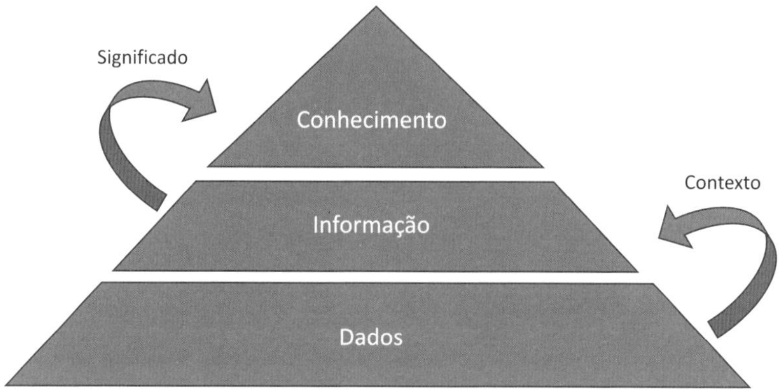

Figura 1 • Dados, Informação e Conhecimento.
Fonte: o autor.

Para os autores Ackoff e Bellinger [ACKOFF, 1999; BELLINGER et al., 2004], podemos diferenciar cada um destes termos da seguinte forma:

- **Dados:** Coleção de texto, números ou símbolos sem significado. Os dados, portanto, devem ser processados ou precisam de um contexto antes que possam ter um significado. Uma planilha de Excel, por exemplo, é a princípio uma coleção de dados.

- **Informação:** Dados processados e organizados que receberam contexto e significado, tornando-os úteis para compreensão ou tomada de decisão. Informação é um conjunto de dados que possuem um significado.

- **Conhecimento:** Percepções e entendimento derivados da informação e da experiência. É a informação com um significado, representando um nível mais profundo de compreensão. Usamos informação para adquirir conhecimento e solucionar problemas.

Importante observar que à medida que "subimos" para o topo da pirâmide, nosso conhecimento sobre determinado assunto vai se tornando mais claro e útil. Dizemos que um dado em si não representa muita coisa, mas quando "reunimos" diferentes bases de dados, já conseguimos extrair informações. Por exemplo, se temos uma base de dados de nomes de pessoas, são somente nomes, mas se conseguirmos unir os nomes com endereços, temos o início de um perfil sociodemográfico. À medida que aumentamos as relações entre os dados, mais próximos estamos do conhecimento. Por isso, quando vamos de dados para informação, estamos aprendendo o contexto das coisas. Se seguirmos ainda mais, coletando e cruzando mais informações, algumas muitas vezes não evidentes, chegaremos ao significado das coisas.

Essa abordagem é considerada "clássica" dentro da área de gestão do conhecimento e modelagem de dados, e a maioria dos autores ainda adiciona uma camada acima de conhecimento, chamada "sabedoria", que é bastante subjetiva e motivo de debates entre os pesquisadores da área.

Dados são essenciais para o Aprendizado de Máquina e a IA Generativa, por exemplo. Sem dados, não é possível os algoritmos treinarem e aprenderem. A explosão do Big Data [GERHARDT et al., 2012; MAYER-SCHÖNBERGER et al., 2013; MCAFEE et al., 2012], que ocorreu com a chegada das plataformas de mídias sociais no início dos anos 2000, aumentou ainda mais as possibilidades de uso de dados dos clientes pelas organizações. Importante citar que os canais que as plataformas de mídias sociais disponibilizavam, e continuam até hoje a disponibilizar para seus usuários publicarem conteúdos, alimentou o Big Data com dados chamados de "não estruturados", algo novo para área computacional, acostumada até então a lidar com "dados estruturados". Vamos esclarecer a diferença.

- **Dados estruturados:** são organizados e seguem um formato específico, como tabelas em um banco de dados. Um formulário de preenchimento de cadastro num site normalmente é um tipo de dado estruturado. Outro exemplo são números em uma planilha de Excel.

- **Dados não estruturados:** não possuem formato definido, são textos, imagens, arquivos de vídeo ou áudio. Exemplos: posts de redes sociais, vídeos publicados no YouTube ou no TikTok. Dados não estruturados exigiram uma nova abordagem para seu processamento e análise, e pode-se dizer que o renascimento das aplicações, serviços e sistemas baseados em IA começa com esse tipo de demanda.

Agora, voltando ao Big Data. É no artigo original de Doug Laney [LANEY, 2001] que encontramos os fatores que iriam ajudar a definir o termo *Big Data* e seriam associados a este a partir de então. Para Laney, com a expansão do *e-commerce* global, as áreas de TI das empresas deveriam se preparar para um imenso desafio na gestão de dados em três dimensões, ou 3 "Vs": volume, velocidade e variedade (Figura 2), detalhados a seguir.

- **Volume:** todos os dias são criados 2,5 quintilhões de bytes em forma de dados, e sabemos que 90% de todos os dados que estão presentes no mundo foram criados nos últimos 2 anos.

- **Velocidade:** dados fluem entre diferentes plataformas numa velocidade sem precedentes e são adicionadas a todo segundo por usuários em bases na nuvem. Por exemplo, no Instagram, 52 milhões de fotos são publicadas no por dia, enquanto no YouTube 300 horas de vídeo são publicadas por minuto. "Todos esses dados podem ser difíceis de gerenciar quando inundam em uma velocidade que, para muitas organizações, supera sua capacidade de processamento." [GERHARDT et al., 2012]

- **Variedade:** os dados são gerados em todos os tipos de formato. Se navegarmos na internet, vamos encontrar poucos formulários para preenchimento de nossos dados ou para entrada de informações, a realidade da informação é não estruturada. Organizações e clientes utilizam diferentes mídias digitais para comunicação, usando diferentes canais e formatos de informação. "Agora podemos coletar informações que não poderíamos antes, sejam estas de relacionamentos revelados por meio de chamadas de telefone celular ou sentimentos revelados por meio de *tweets*" [MAYER-SCHÖNBERGER & CUKIER, 2013]. De fato, 80% dos dados do mundo digital atual são não estruturados e, portanto, não podem ser facilmente colocados em tabelas.

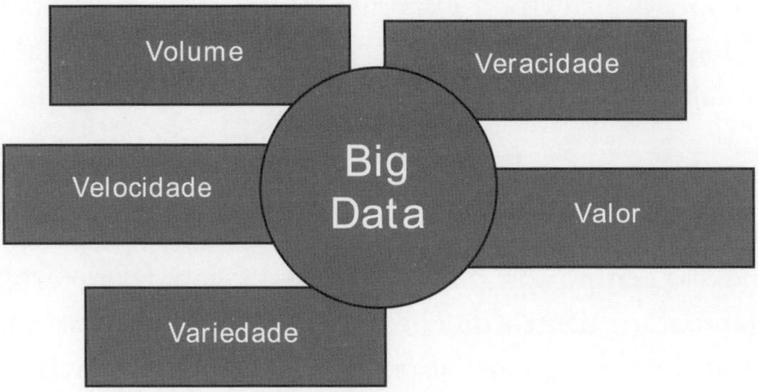

Figura 2 • Big Data.
Fonte: o autor.

Com o tempo, outros "Vs" foram adicionados ao conceito de Big Data, dois destes, entretanto, merecem destaque.

- **Veracidade:** considerando que o processo de análise de dados seja realizado com sucesso, é preciso contar com dados verdadeiros, que correspondam à realidade. Uma evidência desse problema foi apresentada em 2014, numa reportagem do *New York Times* que dizia que analistas de dados gastam uma média 60% de seu tempo na "limpeza" de dados antes que possam ser utilizados. Além disso, o recente crescimento da produção de *fake news* e informações publicadas de forma imprecisa ou tendenciosa, fizeram da veracidade da informação um fator ainda mais crítico.

- **Valor:** ter acesso a uma infinidade de dados é uma coisa, mas, a menos que possam ser transformados em algo de valor para empresas e organizações, este tsunami de informação é inútil. Aplicar critérios e filtros, isto é, algoritmos capazes de classificar a informação, descartando o que não corresponde à verdade ou não é útil para os objetivos do negócio.

No caminho para nos tornarmos uma sociedade da informação, ampliamos o uso das ferramentas para captura, produção e análise de dados. Para Luciano Floridi [FLORIDI, 2014]: "Devido às Tecnologias da Informação e Comunicação (TICs), nós entramos na era do zettabyte.

Nossa geração é a primeira a experimentar a zetta inundação, introduzindo o neologismo para descrever o tsunami de bytes no qual nosso ambiente está submergindo. Em outro contexto, também conhecido como Big Data".

São dados que permitem que tenhamos aplicativos em nosso celular que realizam ótimas previsões de tempo, ou sistemas de reconhecimento facial em nossos aeroportos, ou ainda, que o ChatGPT apresente respostas bem elaboradas, dentro de contexto e com frases praticamente sem erros. Em todos os casos, esses sistemas baseados em IA tiveram acesso a colossais fontes de dados. Este acesso permite que os algoritmos e modelos de Aprendizado de Máquina executem uma tarefa importante chamada treinamento (vou detalhar mais no capítulo dedicado a "Aprendizado de Máquina"). Por enquanto, importante saber que é preciso passar por uma fase de treinamento, onde são usadas bases de dados com informações relevantes ao problema que se está querendo resolver. Mas onde encontramos dados disponíveis para treinar os algoritmos de Aprendizado de Máquina? Há custos envolvidos? Temos duas formas de obter dados:

- **Dados privados:** Neste caso, são dados da organização que está desenvolvendo a solução baseada em IA. Os profissionais envolvidos no projeto deverão criar rotinas de programação para acesso às bases de dados. Esta é uma abordagem restrita, que depende somente de processos internos da organização. Os desafios encontrados para o treinamento dos modelos nestes casos é a qualidade dos dados e o quanto estão sendo atualizados. Importante citar que dados usados para treinamento precisam ser os mais próximos possíveis dos dados reais usados pelos sistemas ou aplicações baseadas em IA que serão utilizadas pela organização.

- **Dados públicos:** Aqui temos diferentes organizações em todo o planeta que disponibilizaram bases de dados de forma gratuita para que pesquisadores e profissionais de diferentes áreas pudessem fazer seus experimentos, treinando seus modelos. Talvez o mais famoso exemplo seja o Kaggle[2], fundado em 2010 por

2 https://www.kaggle.com/

Anthony Goldbloom, Ben Hamner e Nicholas Gruen. Atualmente o Kaggle possui mais de 238 mil bases de dados, que podem ser de imagens, vídeos, textos e áudios em diferentes áreas do conhecimento, com mais de 14 milhões de usuários (ou aprendizes, como eles gostam de chamar).

O ChatGPT por exemplo, teve como fonte de treinamento e aprendizado, acesso a 570 gigabytes de texto. Segundo a OpenAI, foram usadas bases abertas chamadas *Common Crawl*, que é um corpus de páginas da web disponível publicamente. O conjunto de dados *Common Crawl* inclui bilhões de páginas da web e é um dos maiores conjuntos de dados de texto disponíveis. Para termos uma ideia da dimensão dessa base de treinamento, um gigabyte de texto equivale a 166 milhões de palavras. Se considerarmos que um livro de 200 páginas possui, em média, 60 mil palavras, chegamos à conclusão de que o ChatGPT leu (ler no sentido de entender texto como dados) algo próximo de 1,57 bilhões de livros! Nada mal, hein?

Quando pensamos em organizações privadas ou públicas, tais como instituições do governo, trabalhar com bases de dados nunca foi tarefa das mais simples, ainda mais se é preciso armazenar e processar quantidades colossais de dados. Para isso, é necessário fazer uso de Centros de Armazenamento de Dados (*datacenters*), que são instalações físicas, com servidores, protocolos rígidos de segurança, acesso à Internet e equipe especializada para suporte técnico e atendimento. Não é preciso dizer, mas o custo de armazenamento de dados em *datacenters* sempre foi elevado. Isso sem dúvida era uma das barreiras para o avanço de tecnologias mais robustas para processar e analisar dados de forma mais sofisticada, como por exemplo algoritmos e modelos baseados em IA. Mas algo novo estava a caminho.

Computação em Nuvem

A chegada da computação em nuvem representou um novo paradigma no armazenamento, processamento e distribuição de dados. O conceito de computação em nuvem tem suas raízes nos anos 1960, quando a ideia de compartilhamento de tempo e processamento computacional começou a tomar forma. Nas universidades, por exemplo, servidores poderosos eram compartilhados entre vários pesquisadores, permitindo que acessassem recursos de computação remotamente. No entanto, somente no início dos anos 2000 é que a computação em nuvem, como a conhecemos hoje, começou a se popularizar. Em 2006, a Amazon lançou uma nova empresa chamada Amazon Web Services (AWS), que oferecia infraestrutura de armazenamento, processamento e outros serviços computacionais em nuvem, dando às empresas a capacidade de alugar recursos computacionais virtualizados, entre estes os servidores para armazenar dados, antes exclusividade dos *datacenters*. Além disso, e talvez mais importante, a AWS inaugurou um novo modelo de pagamento para os serviços em nuvem, completamente diferente dos *datacenters*. Neste novo modelo, as organizações pagariam somente pelo uso efetivo dos recursos computacionais, uma conta variável, o "pagamento sob demanda".

Uma das principais vantagens da computação em nuvem é a capacidade de aumentar ou diminuir rapidamente o uso de recursos computacionais com base nas demandas de acesso dos usuários ou das necessidades de negócios. Imagine, por exemplo, um portal de *e-commerce* que vende passagens aéreas. Evidentemente haverá maior demanda nos períodos que antecedem feriados e nos meses de férias escolares. Nesses períodos, pode-se escalar os recursos computacionais para suportar o aumento de demanda e, quando ela cair, diminuir o uso desses recursos. Bom para o portal, que vai economizar em tempos de baixa. Isto é "pagar pelo que usa ou consome".

Considerando produtos ou serviços baseados em IA, em especial que fazem uso de Aprendizado de Máquina, esse tipo de pagamento sob demanda e a possibilidade de usar mais ou menos recursos computacionais representaram uma vantagem sem precedentes. Até então, empresas e pesquisadores tinham que prever o consumo de recursos computacionais e pagar um valor fixo, mesmo que não fizessem uso destes recursos. Além disso, nas diferentes fases de um fluxo de Aprendizado de Máquina (como veremos mais adiante) é comum o uso de mais ou menos recursos computacionais e até mesmo a seleção de diferentes tipos de processadores, algo que precisa ser feito de forma rápida e usual. No modelo tradicional de *datacenters,* isso poderia levar dias ou semanas. A computação em nuvem serviu como uma luva para as soluções baseadas em Aprendizado de Máquina, pois oferece custo sob demanda e agilidade para troca dos recursos computacionais.

Nas aplicações baseadas em Aprendizado de Máquina (e até mesmo as IAs generativas mais atuais como o ChatGPT), é preciso fazer experimentos, treinar e testar os modelos com diferentes algoritmos. Para isso, cientistas e engenheiros de dados precisam usar desde pequenos conjuntos a grandes conjuntos de dados, para ir refinando os modelos e chegar aos resultados desejados. Com a computação em nuvem, cientistas e engenheiros de dados podem executar experimentos com vários conjuntos de dados, gerenciando não só processamento, tipos de recursos computacionais usados e também os custos. Como resultado, o do ciclo de vida do Aprendizado de Máquina é mais controlado e reduzido drasticamente.

Outra vantagem da computação em nuvem está relacionada ao fato de que os principais fornecedores de computação em nuvem tais como Amazon Web Services (AWS), Microsoft Azure, Google Cloud e IBM Cloud, oferecem camadas para experimentação gratuitas, além de plataformas para automação dos diferentes estágios do processo. Entrarei em mais detalhes no final deste livro.

Big Data e Computação em Nuvem são tecnologias habilitadoras fundamentais para o desenvolvimento e crescimento da IA.

"Aqueles que podem imaginar qualquer coisa, podem criar o impossível."

Alan Turing
(cientista computacional e matemático, 1912–1954)

Inteligência Artificial

Em seu artigo de 1950, *Máquinas Computacionais e Inteligência*, ou *Computing Machinery and Intelligence* [TURING, 1950], Alan Turing, já na primeira linha do artigo, pergunta: "Podem as máquinas pensar?" Fico sempre imaginando a reação de outros pesquisadores e cientistas, na época, quando leram esta frase. Certamente ou deram risada ou acharam que Turing estava maluco. Isso porque o mais avançado computador da época, o UNIVAC I, era um gigante que usava 5.200 válvulas, pesava 13 toneladas e tinha mais de 2,4 metros de altura. Mas apesar do tamanho, sua velocidade de processamento era muito pequena, algo como mil operações por segundo e sua memória chegava a apenas mil palavras, sendo cada palavra com doze caracteres. Isso se traduz em uma capacidade total de 12 mil caracteres. Hoje, nossos notebooks chegam a milhões ou até bilhões de operações por segundo e possuem memória da ordem de gigabytes, o que equivale a 1 bilhão de caracteres. Enfim, a máquina naquele momento estava muito distante de nossa capacidade cognitiva, o que levava a maioria dos pesquisadores da época a pensar que computadores seriam no máximo potentes máquinas de calcular, nada mais. Mas nesse mesmo artigo, Turing dá uma volta nesta questão do ato de pensar, usando uma solução genial, a qual chamou de "o jogo da imitação".

A ideia básica do jogo é fazer com que um juiz humano se comunique com uma máquina e um ser humano usando somente um terminal, digitando perguntas, sem poder vê-los — isso porque há uma cortina que separa o juiz do ser humano e da máquina. Durante certo tempo, o juiz "conversaria" com a máquina e o ser humano trocando mensagens. Ao final, o juiz teria de tomar uma decisão sobre quem era o ser humano e quem era a máquina, apenas com base na conversa. Se o juiz não conseguisse distinguir entre a máquina e o ser humano, segundo Turing, poderíamos dizer que a máquina passou no teste e pode ser considerada inteligente. Hoje este teste é chamado de "Teste de Turing".

Em 1991, Hugh Loebner, um inventor americano e ativista social, estabeleceu o Prêmio Loebner, uma competição anual que testa a capacidade dos programas de computador de exibir um comportamento inteligente equivalente ou indistinguível do humano. A mais recente competição do Prêmio Loebner foi realizada em 2019 e o vencedor foi um chatbot chamado Mitsuku, criado por Steve Worswick. Essa foi a quinta vez que Mitsuku ganhou o Prêmio Loebner.

Outro evento marcante na história da IA foi a conferência ocorrida no Dartmouth College em Hanover, Estados Unidos, seis anos após a publicação do artigo de Turing. A conferência contou com a participação de um grupo de pesquisadores famosos que compartilhavam o interesse comum em construir máquinas que pudessem simular a inteligência humana. Foi durante a conferência que John McCarthy propôs o termo "Inteligência Artificial (IA)" para descrever o campo de pesquisa e seus objetivos.

Mas afinal, o que é IA [COPPIN, 2010; HALL, 2007; HAWKINS, 2004]? Como podemos defini-la? Apresento a seguir três definições:

"Inteligência Artificial é a ciência e a engenharia de criar máquinas inteligentes."

John McCarthy, Marvin Minsky,
Nathaniel Rochester e Claude Shannon
(Dartmouth Workshop, 1956)

"Inteligência Artificial é o desenvolvimento de sistemas computacionais capazes de realizar tarefas que normalmente requerem inteligência humana."

Stuart Russell e Peter Norvig, autores do livro *Inteligência Artificial: Uma abordagem moderna.*

"Inteligência Artificial é a simulação de processos de inteligência humana por máquinas, especialmente sistemas computacionais."

Dicionário Merriam-Webster

Nas definições, fica claro que a Inteligência Artificial tem como objetivo final imitar ou simular nossa forma de pensar, de raciocinar, e assim resolver problemas, em especial aqueles que até o momento somente nós, seres humanos, podemos resolver. A questão em aberto é "como chegar ao nível da inteligência humana", já que até o momento isso não foi possível, apesar dos desenvolvimentos atuais, em especial das redes neurais.

William H. Calvin, em seu livro *Como o cérebro pensa*, aponta para o tamanho do desafio: "O grande problema na compreensão do que é inteligência, não é quem tem mais inteligência, mas o que ela é, quando é necessária e como funciona." Assim, estamos numa jornada dupla e simultânea: criando máquinas que simulam nossa inteligência, ao mesmo tempo em que buscamos compreender melhor como nossa inteligência própria funciona. O mais interessante é que o mesmo cérebro que está criando a IA é aquele que buscamos desvendar.

No seu livro *Superinteligência*, Nick Bostrom [BOSTROM, 2014], filósofo da Universidade de Oxford, relaciona alguns modelos diferentes de como sistemas podem atingir um nível igual ou superior ao da inteligência humana, como por exemplo o conceito de máquina criança, de Alan Turing: "Ao contrário de produzir um programa capaz de simular a mente de um humano adulto, por que não produzir um que simula a mente de uma criança? Se ela for sujeita a uma educação apropriada irá produzir um cérebro adulto." Mesmo assim, este tipo de abordagem, chamada de evolutiva, ainda é campo de pesquisa teórica, sem resultados tangíveis.

A maioria dos pesquisadores da área também concorda que atualmente há três tipos de IA, quando pensamos na capacidade de cognição e resolução de problemas:

- **Inteligência Artificial Fraca ou Restrita**: Este tipo de IA existe para executar uma tarefa específica ou um conjunto de tarefas e não pode fazer nada além disso. Exemplos: softwares de reconhecimento de imagem, aplicativos para jogar xadrez, sistemas de recomendação e softwares para detectar fraudes. Para se chegar a uma IA Fraca, programadores usam regras e algoritmos predefinidos para tomar decisões, e estes só realizam tarefas dentro de um domínio muito específico de conhecimento.
  Exemplo de IA restrita são assistentes virtuais tais como a *Siri* da *Apple*, *Amazon Alexa* ou o *Google Assistant*. Esses assistentes virtuais são projetados para realizar tarefas específicas relacionadas a responder a comandos e perguntas dos usuários. Eles têm a capacidade de reconhecimento de voz, processamento de linguagem natural (PLN) e acesso a informações em tempo real.

- **Inteligência Artificial Forte ou Geral**: Refere-se a uma IA capaz de ser tão inteligente quanto um ser humano e realizar qualquer tarefa intelectual que um ser humano possa realizar, resolver problemas complexos, criar trabalhos artísticos e aprender com a experiência. Este tipo de IA ainda está no campo de pesquisas teórico, mas é previsto por muitos cientistas que em algum momento do futuro próximo ela será possível.

- **Superinteligência Artificial**: Esta seria uma IA capaz de pensar e realizar tarefas que estão além da capacidade humana. Ela também seria capaz de se desenvolver e aprender de forma autônoma.

Pesquisadores e especialistas da área, incluindo Nick Bostrom, Stuart Russell e Stephen Hawking, discutiram os possíveis riscos e benefícios do desenvolvimento deste tipo de IA, considerando aspectos éticos, políticos, de segurança e os riscos para nossa sociedade.

Em 2016, o prof. Arend Hintze (HINTZE, 2016] do departamento de Biologia Integrativa, Engenharia e Ciências Computacionais da Michigan State University, publicou um artigo chamado "Entendendo os quatro tipos de IA, de robôs reativos a seres autoconscientes". Nele, classificou a Inteligência Artificial em quatro tipos, de acordo com suas funcionalidades.

Tipo 1: Máquinas Reativas

Os sistemas mais básicos de IA são puramente reativos, incapazes de formar memórias ou usar experiências passadas para tomar decisões no momento atual. Este tipo de IA percebe o mundo ao redor e reage a ele, mas sempre respondem a situações idênticas exatamente da mesma maneira, todas as vezes.

Tipo 2: Memória Limitada

Nesta categoria, as máquinas podem olhar para o passado. Um exemplo são os carros autônomos, que observam a velocidade e a direção de outros carros para tomar decisões. Embora tenham a capacidade de olhar para eventos passados, essas informações não são armazenadas como memória de longo prazo. Os carros autônomos usam essas observações temporárias em combinação com informações pré-programadas, como marcações de pista e semáforos, para tomar decisões em tempo real.

Tipo 3: Teoria da Mente

As máquinas mais avançadas nessa classe formam representações sobre o mundo e também sobre outras entidades nele, incluindo seres humanos. Isso é conhecido como "teoria da mente", onde as máquinas entendem que os outros agentes têm pensamentos e emoções que influenciam seu comportamento. Essa habilidade é crucial para interações sociais, permitindo que as máquinas compreendam motivações e intenções, contribuindo para o desenvolvimento de uma sociedade mais próxima à interação humana.

Tipo 4: Autoconsciência

Neste caso, a IA alcançaria um nível de autoconsciência, desenvolvendo uma compreensão de si mesma como agente no mundo. Essa autoconsciência permitiria que a máquina tivesse uma noção de sua própria existência, de suas capacidades e limitações e até mesmo entenderia suas próprias emoções. Essa categoria de IA, muitas vezes retratada em ficção científica, levanta questões éticas mais profundas, considerando sua interação com seres humanos.

A tipologia do prof. Hintze evidencia um caminho gradativo para IA em termos de sua abrangência, sendo que o tipo 4, a qual ele chama de "autoconsciência" assemelha-se à "superinteligência" quando olhamos para a classificação por capacidade. Há um consenso entre os pesquisadores da área que ao chegarmos nesse estágio de evolução da IA, não é possível prever completamente seus desdobramentos, pois, até o momento, nunca lidamos com um ser que é mais inteligente do que nós.

Historicamente, o campo de pesquisas em IA foi se ampliando desde o surgimento da área nos anos 1950 e 1960. Nas décadas de 1980 e 1990, uma subárea da IA, chamada Aprendizado de Máquina começou a ganhar mais força. Pesquisadores como Geoffrey Hinton, Yann LeCun e Yoshua Bengio contribuíram significativamente para o desenvolvimento de redes neurais e algoritmos que permitiram um treinamento mais eficaz de redes neurais artificiais. A área de Aprendizado Profundo, a qual utiliza redes neurais de várias camadas, se desenvolveu como um subconjunto do Aprendizado de Máquina, para modelar e processar padrões complexos em dados, sendo útil para o reconhecimento de imagem, processamento de linguagem natural e jogos. Na figura 3 temos a representação da relação entre IA e suas subáreas:

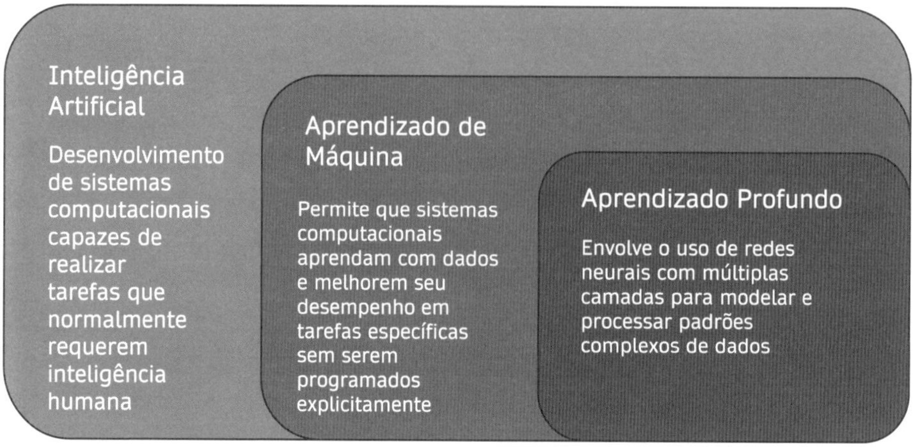

Figura 3 • IA, Aprendizado de Máquina e Aprendizado Profundo.
Fonte: o autor.

Finalmente, o desenvolvimento da IA caminha lado a lado com o desenvolvimento de tecnologias de hardware e de processamento de dados. De certa forma, os recentes avanços da IA e Aprendizado de Máquina foram significativamente acelerados com a chegada das Unidades de Processamento Gráfico ou GPUs (*Graphical Processing Units*). Essas unidades de hardware especializadas revolucionaram o campo, fornecendo um tremendo poder de processamento e capacidades de computação paralela, tornando cálculos complexos e o treinamento de modelos de Aprendizado de Máquina e Aprendizado Profundo muito mais rápidos do que as tradicionais unidades de processamento central ou CPUs (*Central Processing Units*). Diferentes aplicações e soluções inovadoras baseadas em IA, tais como visão computacional, Processamento de Linguagem Natural (PLN) e veículos autônomos são exemplos do uso destes novos processadores.

"O cérebro é uma ferramenta incrivelmente poderosa, mas com a ajuda da inteligência artificial, podemos aprimorar nossas habilidades cognitivas além de nossos sonhos mais malucos."

Elon Musk
(empresário e CEO)

Cérebro e Neurônios

Neurociência e IA estão convergindo cada vez mais. Essa convergência se dá em ambos os sentidos, pois de um lado o cérebro é nossa referência para o avanço nas principais áreas de pesquisa em IA, em especial das redes neurais. Por outro, algumas frentes de pesquisa e inovação buscam conectar de forma direta nossas tecnologias computacionais com o cérebro, como por exemplo, o que está fazendo a Neuralink[1] de Elon Musk. Eu poderia citar outros exemplos, mas uma das formas mais interessantes de evidenciar esta convergência é olharmos para as pesquisas. Vamos aos fatos!

Até maio de 2022, segundo o banco de dados *Web of Science (WOS)*, a coleção principal de artigos publicados sobre neurociências contém 42.559 artigos! Uma das tecnologias que tem ajudado a comunidade científica a descobrir fatos novos sobre o cérebro é a ressonância magnética funcional (*functional Magnetic Resonance Imaging — fMRI)* o que permitiu aos pesquisadores mapearem a atividade cerebral em tempo real. Em 2021, *Frontiers in Neuroscience*, um dos principais veículos de divulgação científica na área de neurociências, reportou que seus artigos foram visualizados e baixados 519 milhões de vezes, totalizando 1,9 bilhão no total. Isso representa um

[1] Para conhecer mais sobre a Neuralink, visite: https://neuralink.com/

aumento de 64% em relação ao ano anterior. As citações de artigos também aumentaram 51%, totalizando 3,8 milhões de citações.

Esses números evidenciam o quanto a área está "quente". Agora, quando voltamos nossa atenção para o aprendizado profundo e as redes neurais, também temos um crescente e exponencial interesse, tanto do lado das pesquisas científicas quanto das aplicações práticas. Segundo o buscador *Google Scholar*, o número de artigos sobre Aprendizado Profundo publicados em 2022 foi de aproximadamente 37.900 artigos. Para se ter uma ideia de comparação, em 2012, foram publicados 17.200. Isso quer dizer que o número de artigos mais que dobrou em 10 anos! E esta tendência deve seguir, pelo simples fato de que, quanto mais a neurociência avança nas pesquisas sobre como raciocinamos [CALVIN, 1996], adquirimos conhecimento, processamos e armazenamos informações, mais a área de Aprendizado Profundo avançará também. Evidentemente que isso se desdobra nas inovações que estão acontecendo em todas as áreas e como investidores enxergam este mercado nos próximos anos. O mercado global de aprendizado profundo foi avaliado em US$ 49,6 bilhões em 2022, e de 2023 a 2030 deve se expandir a uma taxa composta de crescimento anual (*Compound Annual Growth Rate — CAGR*) superior a 33,5% .[2]

Nosso cérebro continua a fascinar neurocientistas em todo o planeta. Uma das características mais interessantes é a neuroplasticidade. Segundo Jeff Hawkins [HAWKINS, 2004]: "O neocórtex cerebral é incrivelmente plástico, isso quer dizer que pode mudar e se reconectar dependendo do tipo de entradas ou estímulos que está recebendo." Isso é evidenciado em pessoas adultas que nasceram deficientes auditivos e processam informações visuais em áreas que normalmente seriam dedicadas para audição. Esse tipo de comportamento do nosso cérebro evidencia que há diferentes "algoritmos" atuando em nosso córtex cerebral, abrindo diferentes perspectivas de pesquisas na área de IA.

Os 86 bilhões de neurônios [HERCULANO-HOUZEL & LENT, 2005] de nosso cérebro possuem outras capacidades, além da memória [REBER, 2010] por exemplo, que são extremamente sofisticadas. Vamos

[2] Deep Learning Market Size, Share, & Trends Analysis Report by Solution (Hardware, Software), by Hardware, by Application (Image Recognition, Voice Recognition), by End-use, by Region, And Segment Forecasts, 2023 – 2030.

tomar como exemplo a habilidade de compreender a linguagem, a qual envolve uma intrincada interação de diferentes áreas de nosso cérebro, que vão desde a captação dos sons até memória semântica, sintaxe e contexto. Além disso, nosso cérebro compreende com facilidade linguagem ambígua e nuances sutis, sendo capaz de inferir significado a partir de contexto, sentimentos ou outros tipos de detalhes que vão além das simples palavras ouvidas. Na área de IA, cabe ao Processamento de Linguagem Natural (PLN) permitir que máquinas compreendam, interpretem e gerem linguagem humana. Algoritmos de PLN utilizam várias técnicas, tais como Aprendizado de Máquina, Aprendizado Profundo e modelos estatísticos para extrair significado e padrões do texto, possibilitando que os computadores compreendam e respondam à linguagem humana de maneira mais semelhante ao ser humano. Um passo significativo na direção de um sistema inteligente capaz de interpretar linguagem humana foi a participação da IA Watson, desenvolvida pela IBM, no programa de televisão norte americano *Jeopardy*, em 2011. Watson, competiu contra os campeões Brad Rutter e Ken Jennings, vencendo ambos. O desafio proposto ao Watson era compreender questões de linguagem natural, analisar grandes quantidades de dados e fornecer respostas precisas em tempo real. Um dos segredos da performance vencedora do Watson é explicada no livro *How Smart Machines Think* [sem publicação no Brasil], de Sean Gerrish [GERRISH, 2018]. Segundo o autor, o que começou a ajudar o time responsável pelo desenvolvimento do "cérebro" do Watson foi a descoberta de um site de fãs do Jeopardy com todas as perguntas e respostas em detalhes, de todos os jogos anteriores do Jeopardy. Assim, foi possível para a equipe da IBM fazer uma nuvem de respostas vencedoras de todos os campeões do Jeopardy e usar isso para medir a performance do Watson durante seu treinamento. Após esse experimento, a equipe desenvolveu um sistema mais robusto chamado *DeepQA* para analisar perguntas e avaliar a melhor resposta. Outra capacidade que foi dada ao Watson foi a de compreender as questões do programa, em linguagem natural. Para isso, o Watson "desmontava" as frases, num processo conhecido como *parsing*, reduzindo-as em componentes menores, para entender depois o significado de toda a frase ou pergunta. Esse processo conhecido como análise semântica, sintática e léxica é bem conhecido pelos programadores de PLN.

Atualmente, centenas de *startups* estão navegando neste oceano chamado PLN, e talvez a mais famosa do momento seja a OpenAI. Fundada como uma organização sem fins lucrativos em dezembro de 2015 por Sam Altman, fundador da famosa aceleradora *Y Combinator*, Elon Musk, empresário e CEO, e Ilya Sutskever, pesquisador de Aprendizado de Máquina e ex-cientista do Google, seu primeiro produto mais inovador e polêmico, o ChatGPT, que faz uso de técnicas avançadas de PLN e sofisticados modelos estatísticos, atingiu mais de 1 milhão de usuários em apenas cinco dias!

Considerando a questão de simular nossa capacidade cognitiva, era preciso que os cientistas encontrassem um ponto de partida, algo que fosse simples de ser recriado matematicamente. Partiram então para o neurônio, a unidade de processamento de nosso cérebro. Essa é, sem dúvida, a chave para nossa compreensão de como duas das mais importantes subáreas da IA, o Aprendizado de Máquina e, em especial, o Aprendizado Profundo começaram se desenvolver.

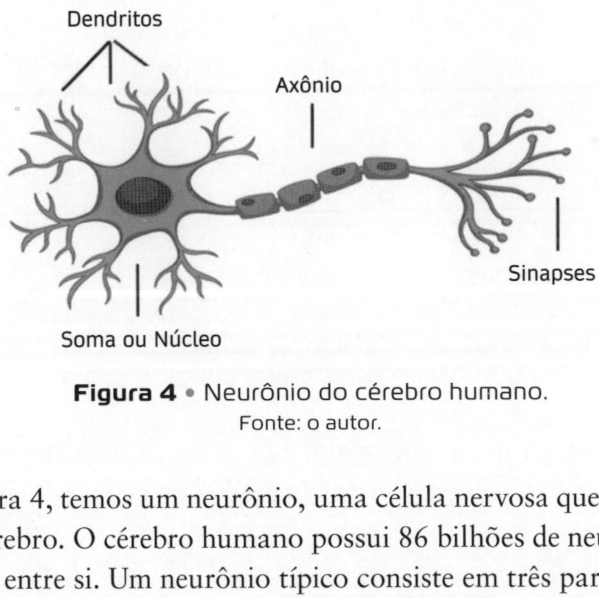

Figura 4 • Neurônio do cérebro humano.
Fonte: o autor.

Na figura 4, temos um neurônio, uma célula nervosa que está presente em todo cérebro. O cérebro humano possui 86 bilhões de neurônios interconectados entre si. Um neurônio típico consiste em três partes principais — dendritos, um axônio e um corpo celular ou soma. Os dendritos saem do núcleo celular ou soma dos neurônios e são como pequenos ramos que recebem informações de outros neurônios. A informação "entra" ou "chega" a um neurônio por meio dos dendritos. É na soma ou núcleo de um neurônio que a informação é processada. Finalmente, temos o axônio, que é um ramo mais longo, por meio do qual os neurônios enviam as informações processadas adiante, para outros neurônios. Na ponta do axônio há vários ramos que fazem conexões com outros neurônios, isto é, com os dendritos de outros neurônios. Essa comunicação é chamada sinapse. Para se ter uma ideia do potencial dessa comunicação, cada neurônio tem, em média, cerca de 7 mil conexões sinápticas com outros neurônios. Isso coloca a contagem de sinapses em torno de 600 trilhões! Sim, são números absolutamente impressionantes. A compreensão desse processo de comunicação foi a chave para darmos um passo na direção de um conceito matemático capaz de simular a forma como os neurônios agem e, assim, criar algo que fosse capaz de algum tipo, mesmo que básico, de cognição ou inteligência.

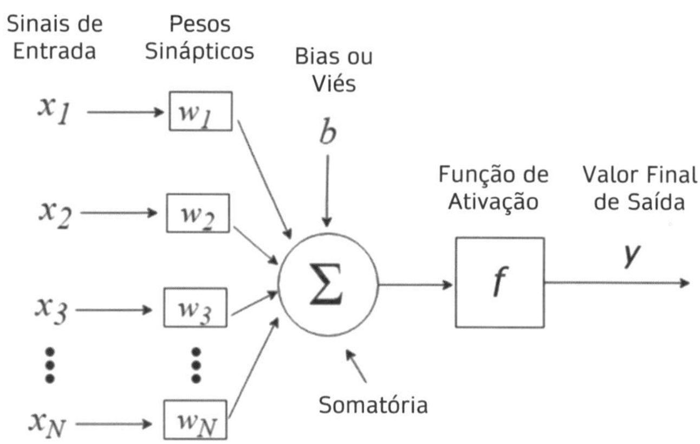

Figura 5 • Perceptron - Modelo computacional de um neurônio.
Fonte: o autor.

Foi o psicólogo norte americano Frank Rosenblatt quem, em 1957, desenvolveu o conceito matemático chamado "perceptron"[3]. Seu trabalho foi inspirado nas teorias do neurofisiologista Warren McCulloch e do matemático Walter Pitts, publicadas no artigo *A logical calculus of the ideas*

3 Rosenblatt publicou o conceito matemático do perceptron em seu artigo *The Perceptron — A Perceiving and Recognizing Automaton* na revista *Psychological Review*, em 1957.

immanent in nervous activity, em 1943. Seguindo a mesma estrutura de comunicação dos neurônios cerebrais, Rosenblatt desenvolveu o modelo, onde perceptrons recebem informações como entradas de outros perceptrons, processam essas informações e geram um sinal de saída. Na figura 5, temos o desenho do perceptron com as variáveis e fórmulas matemáticas utilizadas por Rosenblatt.

O perceptron funciona a partir de um conjunto de valores de entrada, representados na figura 4, por x1, x2, x3 e assim por diante. Para cada um destes valores é atribuído um "peso", ou peso sináptico, que representa a força da conexão sináptica. A equação do perceptron é a soma de cada uma das entradas multiplicadas por seus respectivos pesos sinápticos. Até aqui, temos a seguinte equação matemática:

$$y = \sum wi*xi$$

Esta "somatória" fornece uma representação das entradas com base em sua importância. Adicionalmente, temos o "b" de *bias*, ou viés, que é adicionado a essa soma. Podemos entender o *bias* ou viés como outro parâmetro (além dos pesos) que pode ser ajustado para melhorar o desempenho do modelo.

$$y = \sum wi*xi + b$$

Finalmente, temos uma função de ativação "*f* " aplicada sobre a somatória das entradas multiplicadas pelos pesos e somadas com os vieses para obter a saída final do perceptron. Dependendo do cenário e da função de ativação usada, a saída é binária {1, 0} ou um valor contínuo.

$$y = f\,(\sum wi*xi + b)$$

Para quem não é da área computacional, ou não se recorda das aulas de matemática, compreender a equação do perceptron pode ser complicado. Vou fazer uma analogia considerando um investidor da bolsa de valores. Não por acaso, muitos dos softwares ou aplicativos que são utilizados por investidores de todo o mundo são hoje baseados em algoritmos de Aprendizado de Máquina ou Aprendizado Profundo. Então vamos lá:

1. **Valores de entrada:** Pense nos valores de entrada como os diferentes fatores que um investidor vai levar em consideração para escolher em quais ações vai investir. Por exemplo, um investidor pode considerar o desempenho financeiro da empresa, receita líquida, custos operacionais, as tendências do setor e os indicadores econômicos.

2. **Pesos:** Podem ser entendidos como as preferências pessoais do investidor por determinados fatores. Assim como um investidor pode colocar maior ênfase no desempenho financeiro de uma empresa para investir, os pesos em um perceptron atribuem diferentes graus de significância a diferentes entradas, e isso é feito com base nos dados de treinamento do modelo e na saída desejada.

3. **Viés:** O viés para um perceptron é semelhante à disposição de um investidor em assumir riscos. Se um investidor tem um perfil mais conservador, é menos provável que invista numa empresa que está num segmento de alto risco. Da mesma forma, o viés num perceptron ajusta o limite para determinar se uma entrada deve ser considerada significativa o suficiente para acionar uma saída ou não.

4. **Função de ativação:** A função de ativação para um perceptron é como o processo de tomada de decisão de um investidor em ações. Depois de considerar todas as entradas e pesos, o investidor decidirá se deseja comprar, manter ou vender uma ação com base em sua análise. Da mesma forma, a função de ativação em um perceptron determina se a saída deve ser "ativada" (ou seja, o perceptron deve disparar) com base nas entradas e pesos combinados.

Para autores e pesquisadores da área, "perceptrons são os blocos de construção das redes neurais". São úteis para tarefas de classificação binária, por exemplo, num cenário de observação numa esteira industrial, onde determinado produto precisa ser classificado como dentro de um padrão de qualidade ou não. Outro exemplo ocorre numa aplicação médica para reconhecimento de uma doença, para saber se está ou não num estágio crítico. Em tais tarefas, um único perceptron pode ser usado para classificar a entrada com base em seus pesos e função de ativação. Também podemos combinar vários perceptrons para se criar redes neurais mais complexas, com multicamadas.

Olhar para dentro de nosso cérebro está nos ajudando a desenvolver IAs com capacidades de cognição, aprendizado e adaptação que estavam somente na teoria ou em artigos científicos. Não estou falando de sistemas especialistas como o Deep Blue, que derrotou Garry Kasparov em 1997, um dos maiores enxadristas de todos os tempos, ou do DeepMind do Google, que derrotou o campeão mundial de Go, o sul-coreano Lee Se-dol em 2006. Estamos entrando numa nova era (como apresentada no capítulo "A Quinta Revolução Digital"), onde máquinas dotadas de IA irão além da especialização, apresentando uma inteligência ampla e tão sofisticada quanto a nossa. As bases para isso já estão em desenvolvimento. São as redes neurais, como veremos no capítulo dedicado ao "Aprendizado Profundo".

"O Aprendizado de Máquina é a ciência de fazer os computadores agirem sem serem explicitamente programados."

Arthur Samuel
(engenheiro eletricista, 1901–1990)

Aprendizado de Máquina

Vivemos a era dos dados, e a quarta revolução digital depende totalmente de dados. Como vimos na Parte 2, Aprendizado de Máquina, Aprendizado Profundo e IAs Generativas, somente são possíveis porque temos dados em quantidades enormes para que seus algoritmos possam treinar e depois fazer predições. Segundo Agrawal: "Predição é o processo de preenchimento de informações ausentes. Ela usa informações que você tem, geralmente chamadas de dados, para gerar informações que você não tem." De uma forma mais acadêmica, dizemos que "sistemas computacionais e seus algoritmos aprendem a partir de dados".

Uma analogia que gosto de fazer, quando entro nesta fascinante subárea da IA, está relacionada com nossos hábitos. Quando estava na sala de aula diante de meus alunos costumava perguntar: "Qual de vocês fez hoje o mesmo caminho para chegar até aqui na universidade?". Não ficava surpreso com o resultado, 99% deles respondia que sim (eu mesmo incluído no grupo), fizeram o mesmo caminho de sempre. Em seguida fazia outra pergunta: "Quem sentou na mesma carteira que sentou na semana passada?" E o novo resultado, sem muitas surpresas: 99%! Incrível como temos uma tendência a repetir coisas que fizemos no passado, e isso acontece também em nossa vida digital, quando navegamos na internet, usamos aplicativos nos celulares, e assim por diante. Agora imagine que essas atividades, ações, movimentos e tudo o que fazemos no mundo real e virtual estão sendo transformados em dados. O que um bom algoritmo de Aprendizado de Máquina para predições faz é ler de forma muito disciplinada, como um soldado, esses dados do passado, para depois predizer o futuro. E nada incrível, ele normalmente tem altas taxas de acerto nas predições. Isso é resultado do quanto nós somos previsíveis, assim como o comportamento dos animais, as diferentes expressões da natureza, o movimento dos planetas, e muitos outros domínios e contextos de nossa realidade. Como estamos dentro de uma revolução digital que captura dados de forma voraz, isso dá o alimento necessário, e mais que o suficiente, para os algoritmos de Aprendizado de Máquina darem seu show. Mas vamos aos fundamentos.

> *"Em vez de programar explicitamente um computador para executar uma tarefa, o Aprendizado de Máquina inaugura um novo paradigma, onde é possível treinar um computador para aprender com os dados e tomar decisões por conta própria. Essa abordagem é chamada de 'aprender com os dados' ou 'programação baseada em dados'".*

O Aprendizado de Máquina não é algo novo, tem suas origens nos anos 1950, com pesquisadores criando algoritmos para melhorar automaticamente o desempenho de programas de computador que podiam aprender com dados. Uma das formas mais simples para se entender o Aprendizado de Máquina é pensar em dois conjuntos de dados, sendo um conjunto de entrada e outro de saída. O conjunto de dados de entrada representa as características dos dados e a saída representa o resultado esperado. Por exemplo, imagine que você está aprendendo a identificar diferentes espécies de pássaros. Você recebe um conjunto de fotos de pássaros, e em cada foto há uma descrição, indicando a espécie a qual ele pertence. Olhando as fotos, você começa a identificar semelhanças, características únicas de cada espécie. Com o tempo, você vai poder reconhecer esses padrões em fotos de pássaros que não possuem a descrição e dizer a qual espécie pertencem. Ao resolver problemas dessa maneira, estará olhando para os dados na busca por padrões, para depois encontrar uma forma "generalista" de predizer resultados.

Embora, tradicionalmente, os programadores escrevam códigos que ensinam os computadores a executar tarefas específicas, não é possível generalizar. Na figura 6, apresento a diferença: no Aprendizado de Máquina, temos o resultado esperado como dados de entrada e dados para treinar o computador, que nos dá um resultado ou programa que será sempre atualizado, bastando para isso continuar a alimentar o computador com novos dados — temos então a possibilidade de fazer generalizações, isto é, podemos adaptar para novos cenários e novos casos de uso.

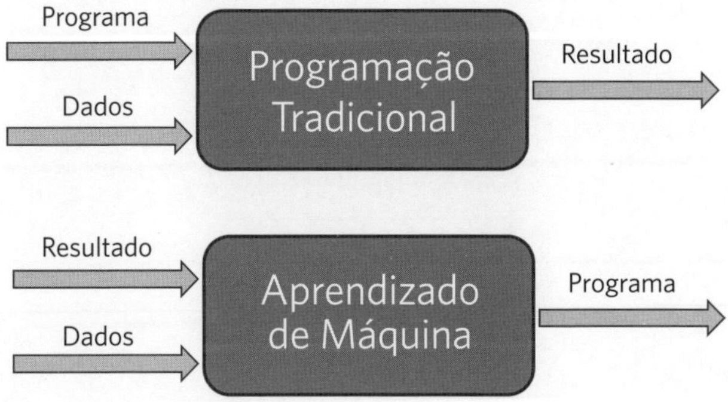

Figura 6 • Programação tradicional vs. Aprendizado de Máquina.
Fonte: o autor.

Este novo paradigma de programação também foi responsável pelo surgimento de novas plataformas e linguagens de programação, mais adaptadas ao Aprendizado de Máquina. O importante aqui é notar que há uma total dependência de dados para que o programa final possa existir. Como já mencionei anteriormente, algoritmos e modelos de Aprendizado de Máquina são alimentados por dados. Você deve estar pensando: "Tudo bem, pois estamos vivendo a era dos dados, do Big Data, então isso não é problema". Infelizmente não é bem assim. Como já vimos no capítulo dedicado a "Dados e Big Data", temos de enfrentar diferentes problemas referentes aos dados, como por exemplo: a qualidade [SINTEF, 2013] e atualidade desses dados é fundamental quando temos expectativas com relação aos resultados das predições de um modelo de Aprendizado de Máquina. Dizemos, inclusive, que é preciso trabalhar com "dados quentes", isto é, de qualidade, e os mais recentes possíveis. Se, com o tempo, os dados que alimentam os modelos forem perdendo atualidade e qualidade, naturalmente o grau de precisão das predições vai decair.

Com relação a autorização de uso dos dados, isso é fundamental para não violar leis de proteção de dados, tais como a LGPD e o sigilo dos usuários, donos dos dados.

Existem quatro tipos de algoritmos de Aprendizado de Máquina: supervisionado, semi-supervisionado, não supervisionado e por reforço. Sendo que cada qual possui pontos fortes e fracos, e é adequado para resolver diferentes tipos de problemas. Para efeito prático, e considerando a maioria das aplicações atuais, vou detalhar os três tipos principais: Aprendizado não supervisionado, Aprendizado supervisionado e Aprendizado por reforço. Observe na figura 7:

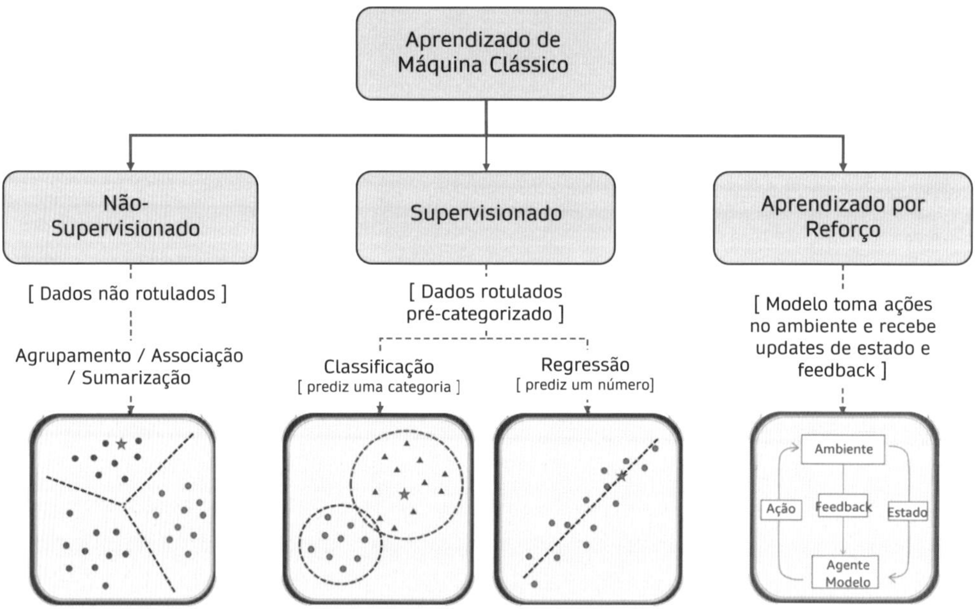

Figura 7 • Aprendizado de Máquina Clássico.
Fonte: o autor.

- **Aprendizado não supervisionado**

Neste caso, o algoritmo de Aprendizado de Máquina é treinado em um conjunto de dados não rotulado, onde os valores de saída são desconhecidos. O algoritmo aprende a encontrar padrões e estruturas nos dados de entrada. Depois que o algoritmo é treinado, ele pode ser usado para descobrir relacionamentos e estruturas ocultas nos dados. A Netflix usa agrupamento para categorizar seus filmes e programas de TV usando vários critérios, como gênero, atores, data de lançamento, e palavras-chave que aparecem no enredo. Isso é fundamental para que a Netflix possa fazer recomendações mais precisas para seus usuários e personalizar a experiência.

- **Aprendizado supervisionado**

Neste tipo de Aprendizado de Máquina, o algoritmo é treinado com um conjunto de dados rotulado ou etiquetado, isto é, dados que já foram marcados com uma ou mais propriedades ou características. Os dados de entrada e os valores de saída correspondentes são conhecidos e o algoritmo aprende a mapear os dados de entrada para os valores de saída corretos, com a ajuda das etiquetas dos mesmos. Depois que o algoritmo é treinado, ele pode ser usado para fazer previsões sobre dados novos, que não possuem rótulos ou etiquetas. Por exemplo, um algoritmo de aprendizado supervisionado pode ser treinado em um conjunto de dados de imagens e seus rótulos correspondentes (por exemplo, gatos, cachorros, tigres) e, depois pode ser usado para classificar novas imagens desses animais. Neste tipo de aprendizagem, temos três subcategorias:

- **Classificação**

Em tarefas de classificação, o programa de Aprendizado de Máquina deve tirar uma conclusão dos valores observados e determinar a qual categoria as novas observações pertencem. Por exemplo, são utilizados em diagnóstico de saúde classificando os registros de pacientes em categorias como saudável ou doente, com base nos sintomas e no histórico de exames. Outro exemplo é a segmentação de clientes, feita pelas áreas de marketing, onde esse tipo de algoritmo permite classificar os clientes em categorias como alto valor, médio valor ou baixo valor, considerando suas características demográficas, comportamentais ou de compras passadas.

- **Regressão**

  Em tarefas de regressão, o programa de Aprendizado de Máquina deve estimar as relações entre as variáveis e prever uma variável de saída contínua. De forma mais prática, a regressão vai retornar um número. Por exemplo, ela é utilizada para, a partir de dados históricos de temperatura, prever a temperatura do dia numa determinada hora. Outro exemplo: dado a fotografia de uma pessoa, prever sua idade. Observe que em ambos os casos, a predição foi um número.

- **Aprendizado por reforço**

  De uma forma bem objetiva:

> *"Aprendizado por reforço é a técnica de Aprendizado de Máquina onde um agente aprende pela interação com um ambiente. O agente recebe recompensas ou penalidades por suas ações, e seu objetivo é maximizar a recompensa total ao longo do tempo."*

Este tipo de técnica, está fundamentada no aprendizado dos animais. O termo aprendizado por reforço foi cunhado por Edward Thorndike, psicólogo norte-americano. Em 1911, ele formulou "A Lei do Efeito", segundo a qual, qualquer organismo vivo tende a repetir um determinado comportamento se nós o recompensarmos assim que este realizar o comportamento. Por outro lado, se o organismo receber um castigo, tenderá a não mais realizar o comportamento. Agora, vamos substituir o organismo vivo por um agente digital e colocá-lo num ambiente específico para aprender. Nesse ambiente, ele vai enfrentar situações como se estivesse num jogo e deve tomar uma série de decisões para tentar chegar ao resultado correto usando, basicamente, tentativa e erro. Quando o agente digital aprende o que fazer corretamente, ele é recompensado, quando erra, é punido. A recompensa serve como estímulo, isto é, reforça o comportamento correto e sinaliza ao agente digital para empregar o mesmo comportamento novamente da próxima vez que encontrar cenário semelhante.

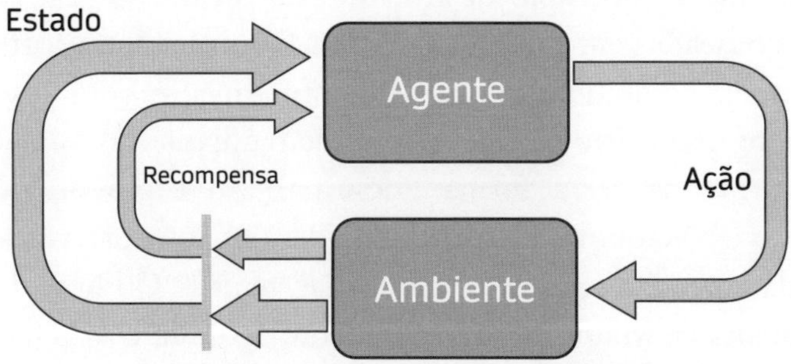

Figura 8 • Aprendizado por reforço.
Fonte: o autor.

Um exemplo clássico na área de aprendizado por reforço é ensinar um agente a jogar xadrez ou gamão. O agente joga contra si mesmo ou um oponente, faz um movimento (ação), e recebe uma recompensa ou penalidade baseada no resultado do movimento. Movimentos que levam à vitória são recompensados, enquanto movimentos ruins são penalizados. Ao longo do tempo, o agente aprende a tomar melhores decisões para maximizar suas chances de ganhar.

Ainda temos o aprendizado semissupervisionado, não apresentado na figura 7, sendo que esta técnica é uma combinação do aprendizado supervisionado e não supervisionado, já que usa dados rotulados e não rotulados. O algoritmo aprende a usar os dados rotulados para fazer previsões sobre dados novos e não vistos e também aprende a encontrar padrões e estruturas nos dados não rotulados. Esse tipo de algoritmo é muito útil quando os dados rotulados são escassos ou quando o investimento para comprar estes dados é muito alto.

Fluxo de trabalho de Aprendizado de Máquina

Quando uma organização decide criar produtos ou serviços baseados em IA, há diferentes aspectos que precisam ser considerados. Ao contrário de outros tipos de inovação, estamos aqui diante de uma forma particular de inovação que precisa de dados para seguir adiante, além de uma equipe com competências bem específicas. E aí temos um problema sério.

Em julho de 2019, a VentureBeat[1] relatou que 87% dos projetos de ciência de dados nunca chegam à produção. Uma das razões para isso é o desconhecimento do fluxo de trabalho envolvido no desenvolvimento de soluções baseadas em Aprendizado de Máquina. Outra forte razão é a qualidade ou disponibilidade dos dados e, finalmente, falta de equipe com conhecimento necessário para levar o projeto adiante.

Conhecer, e de certa forma "dominar", o fluxo de trabalho de Aprendizado de Máquina, bem como os desafios que precisam ser vencidos em cada etapa é o segredo. Na figura 8, temos "O Fluxo de Trabalho de Aprendizado de Máquina", normalmente definido em 7 etapas:

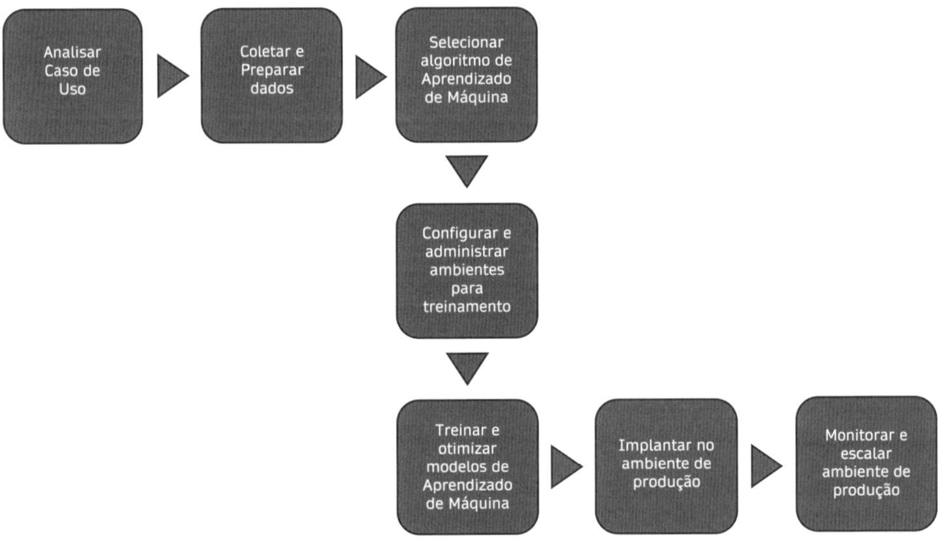

Figura 9 • Fluxo de Trabalho em Aprendizado de Máquina.
Fonte: o autor.

1 Reportagem original da VentureBeat, disponível em: https://venturebeat.com/ai/why-do-87-of-data-science-projects-never-make-it-into-production/

Dizemos que em Aprendizado de Máquina tudo começa com o caso de uso, isto é, o desafio de negócios. O caso de uso deve ser um problema ou demanda real do cliente, ou da organização que precisa ser resolvida. Interessante que, algumas vezes, ao analisar o caso de uso, pode-se chegar à conclusão que este pode ser resolvido sem o uso de nenhum algoritmo de IA, basta o desenvolvimento de um programa para leitura de dados e entrega dos resultados. Mas afinal, quais as características ou propriedades de um caso de uso que fazem dele um bom candidato para uma inovação baseada em IA? Basicamente fatores determinantes para o sucesso. São eles:

1. **Definição clara do caso de uso:** Parece óbvio, mas não é. Muitas vezes, o caso de uso não possui uma clara definição do problema ou demanda que será resolvido e qual o caminho proposto para solução. Enfim, falta o mais essencial para sua definição. Neste caso, não se deve dar início ao fluxo de trabalho. Esta definição passa pelo conhecimento profundo do cliente, do contexto do problema, bem como do tipo de informações que temos deste cliente e quais destas serão necessárias para resolver o problema.

2. **Considerações éticas:** Como já sabemos, dados serão a fonte necessária para que os algoritmos de Aprendizado de Máquina possam ser utilizados, sendo assim é importante garantir que estão sendo respeitados os limites da Lei Geral de Proteção de Dados (LGPD). Outras questões também devem ser observadas. No capítulo "Ética Computacional" apresento os principais temas que precisam ser levados em consideração para que o produto ou serviço seja lançado no mercado sem causar danos para os clientes e para a organização envolvida.

3. **Generalização:** Se o caso de uso pode ser generalizado, isto é, além dos dados que forem usados para treinar e criar o modelo e entregar a solução, novos dados podem ser usados para ampliar seu uso, isto é um bom sinal.

4. **Disponibilidade dos dados e infraestrutura:** A equipe deve analisar com cuidado se os dados necessários para treinar e criar o

modelo de Aprendizado de Máquina estão disponíveis para uso e, caso sim, como está a qualidade e atualidade desses dados. Além disso, deve-se validar se há infraestrutura tecnológica e ferramentas disponíveis para se entregar a solução esperada

5. **Equipe de dados:** Como veremos mais adiante, uma jornada de inovação baseada em IA depende de um time com capacidades bem específicas. Se esta equipe está parcialmente disponível ou pior, não está disponível, melhor buscar os profissionais certos, com as competências necessárias para o desenvolvimento da inovação baseada em IA.

Muito bem, como apresentado na figura 8, depois de passarmos pela fase de análise do caso de uso, e este sendo aprovado para seguir numa jornada de inovação baseada em IA, vamos ter que percorrer mais seis etapas. Importante citar que o processo, apesar de parecer linear no diagrama, é interativo, pois a execução de algumas das fases poderá levar a retornar a uma ou mais fases anteriores. Por exemplo, na fase de "seleção do algoritmo de Aprendizado de Máquina", se os resultados não forem satisfatórios, deve-se fazer nova seleção.

Nota importante: Estou considerando, como prática necessária, que todas as questões éticas já foram embarcadas em cada uma das fases, por isso não há menção a estas nas descrições apresentadas a seguir.

- **Coletar e preparar dados**
  Nesta fase, as bases de dados são identificadas e os dados necessários são extraídos e preparados. Esta preparação envolve diversas operações para remover dados ausentes, normalizar dados e seguindo normas éticas, é feita a anonimização destes dados. Como veremos no capítulo dedicado à "Ética Computacional", o tema de anonimização de dados nunca foi tão importante e crítico.

- **Seleção de algoritmo**
  Nesta fase, o algoritmo de Aprendizado de Máquina mais adequado para se resolver o caso de uso é selecionado. Como já

apresentado anteriormente, é preciso "localizar" o tipo de problema, saber se é algo que envolve uma classificação ou regressão, saber se há dados rotulados ou não, enfim, estes e outros fatores vão influenciar na decisão pelo tipo de algoritmo que será utilizado, e diretamente nos resultados que vão ser obtidos. Sim, esta é uma das etapas mais críticas do processo.

- **Configuração dos ambientes de treinamento**

  Ambientes nada mais são do que servidores, com memória, capacidade de processamento e espaço para se armazenar dados. Como o uso de Aprendizado de Máquina envolve "experimentações", isto é, desenvolver e aplicar algoritmos, é preciso criar ambientes para isso. Atualmente, é cada vez mais comum o uso de computação em nuvem para criar toda infraestrutura dedicada para o desenvolvimento e testes do modelo. Uma das vantagens do uso de computação em nuvem é a variedade de bancos de dados, processadores e memória disponíveis para escolha. A recomendação aqui é balancear performance com a fase correta do fluxo de trabalho. Assim, o uso de recursos computacionais mais baratos para testes e validação é uma estratégia interessante, pois leva à economia de custos. Infelizmente pode haver uma queda de performance, fazendo com que estas fases levem mais tempo, mas é uma questão de experiência no uso de cada uma das atuais plataformas disponíveis no mercado.

- **Treinamento, otimização e validação**

  Nesta fase, o modelo de Aprendizado de Máquina é treinado e otimizado usando os dados já preparados anteriormente. É nesta fase que podemos dizer que ele aprende com os dados, e para isso, no processo, é possível alterar diferentes parâmetros para melhorar, ou otimizar, seu desempenho e sua capacidade de tomar decisões e acertar suas previsões. Validar significa usar um conjunto de dados, que foi separado no início do processo, para garantir que o algoritmo seja o mais preciso possível e generalize bem para novos dados.

- **Implantação de produção**
  Nesta fase, o modelo de Aprendizado de Máquina já treinado é implantado no ambiente de produção. Novamente se faz uso de computação em nuvem para isso, criando a infraestrutura, o que pode ser feito seguindo-se alguns padrões e processos de forma automática.

- **Gerenciar, monitorar e escalar ambiente de produção**
  O ambiente de produção, quando estamos usando dados e algoritmos de Aprendizado de Máquina, é algo dinâmico. Uma vez criado, precisa ser gerenciado, no sentido do acompanhamento de como os recursos tecnológicos estão sendo utilizados. Atualmente há diversos serviços em ambientes em nuvem que oferecem relatórios e alertas que podem ser configurados para isso. Também é fundamental acompanhar o desempenho e a precisão do modelo, pois o uso de novos dados implica em novos cenários. Por exemplo, o decaimento da qualidade das previsões de um modelo pode estar diretamente relacionado com a qualidade ou atualidade dos dados que ele pode estar utilizando.

Compreender o fluxo de trabalho de Aprendizado de Máquina para criar e desenvolver novos produtos ou serviços baseados em IA é essencial nos dias de hoje. Para que cada uma das etapas seja realizada com sucesso, é necessário contar com profissionais que tenham conhecimento específico da área de IA. É isso que vamos ver no capítulo seguinte.

Equipe de Dados

Não vou achar estranho se você olhar o cardápio de um restaurante e encontrar "Lasanha verde ao molho de IA". Impressiona como o termo "IA" está por toda parte. Na internet, se você entrar no Google.com e digitar "AI application", vai receber cerca de 2.130.000.000 de resultados! Se entrar no Google.com.br e digitar "Aplicação de Inteligência Artificial" o resultado será "38.500.000". Mas esses números não param por aí. Segundo o site *Business of Apps*[1]: na categoria produto, na App Store, o número de aplicativos com nomes que incluem o termo IA teve um crescimento substancial, aumentando 1.033% em 3 anos, desde 2020. Basta observar postagens de usuários do Instagram e vídeos publicados no YouTube para se ter uma ideia da influência do uso de aplicativos baseados em IA nas imagens e vídeos *shorts* por exemplo. Outro dado importante do mesmo site revela que "O setor de aplicativos de IA gerou US$ 2,5 bilhões em 2022 e estima-se que cresça a uma taxa composta de crescimento anual de 38,3% até 2028." E estamos somente no começo.

Evidentemente que para se criar aplicativos, sites, produtos e serviços baseados em IA são necessários profissionais com competências e conhecimento da área e a adoção de uma metodologia. No caso de aplicações ou serviços baseados em

1 https://www.businessofapps.com/data/ai-app-market/

Aprendizado de Máquina, a isso é dado o nome de "Equipe de Dados", ou em alguns casos "Equipe de IA", a qual será responsável por percorrer a jornada ou fluxo de trabalho apresentado anteriormente. Entre os principais especialistas dessa equipe, temos:

- **Analista de dados:** Responsáveis por analisar, interpretar dados, fazer análises estatísticas e visualização de dados. Conhecem a estratégia do negócio. Suas atividades têm como objetivo ajudar a equipe a entender os dados e tomar decisões baseadas em dados. Normalmente dominam e usam ferramentas de *Business Intelligence*, tais como Microsoft Power BI, Tableau, Qlik, SQL e outros aplicativos de análise de dados, incluindo linguagens como R e Python.

- **Engenheiro de dados:** São responsáveis por projetar, construir e manter sistemas que coletam, armazenam, gerenciam e convertem grandes volumes de dados transformando dados brutos em formatos utilizáveis para cientistas de dados e analistas de negócios. Eles possuem compreensão de algoritmos de Aprendizado de Máquina.

- **Cientista de dados:** São responsáveis por examinar quais perguntas precisam ser respondidas e onde encontrar os dados relacionados. Eles têm conhecimento de negócios e habilidades analíticas. Nas equipes, cientistas de dados ficam com a responsabilidade de obter, minerar, limpar, gerenciar e analisar grandes quantidades de dados não estruturados. É o cargo mais próximo da área de pesquisa de IA e normalmente mantém contato com a academia, isto é, universidades e centros de pesquisa.

Além destes profissionais, é importante reconhecer que o processo de desenvolvimento, implantação e acompanhamento de uma solução baseada em Aprendizado de Máquina possui características muito específicas. Assim, um modelo de gestão já está em uso e chama-se MLOps, de *Machine Learning Operations* ou Operação de Aprendizado de Máquina.

O MLOps pode ser considerado uma metodologia para implantação e monitoramento de aplicações de Aprendizado de Máquina em produção. Entre seus principais objetivos:

- **Automação dos fluxos de trabalho:** Como vimos anteriormente, serviços e aplicações que usam Aprendizado de Máquina passam por fases distintas, tais como treinamento, validação, testes e implantação. Como estas atividades podem vir a se tornar recorrentes na organização, buscar automatizá-las acelera o desenvolvimento, reduz erros e fornece consistência.

- **Monitoramento dos modelos:** Uma vez em produção, modelos precisam ser monitorados quanto à sua performance, isto é, os resultados de suas predições. Também é importante manter um monitoramento ativo das bases de dados que estão sendo usadas. Esta é a forma mais segura de se detectar e antecipar problemas.

- **Garantia de reprodutibilidade:** Apesar de a maioria das ferramentas atuais já colocar versões de forma automática nos modelos ou serviços que são implantados, importante fazer o controle das versões, registrando alterações nos modelos, dados e comparando métricas pré-estabelecidas. Isso também evita erros e inconsistências.

- **Redução de riscos:** Sabemos que automação leva à padronização de processos. Assim, quanto mais automatizados e bem documentadas as fases do fluxo de trabalho, menor a chance de problemas ocorrerem.

Adotar MLOps traz vários benefícios, como modelos mais consistentes e confiáveis e com melhor performance. As equipes ficam mais integradas e os processos mais ágeis e colaborativos. É essencial quando uma empresa quer usar Aprendizado de Máquina dentro de um modelo de trabalho seguro, focado em resultados.

Além da adoção de MLOps é preciso compreender que outros profissionais também fazem parte desta equipe, talvez não em tempo integral, mas deverão estar presentes dependendo da complexidade de cada projeto. Em alguns casos, estatísticos e profissionais especializados em relatórios de inteligência de negócios, programadores com conhecimentos específicos e analistas de testes podem ser necessários. Também é importante a presença de um gerente de projetos, para coordenar a equipe, distribuir tarefas e manter a comunicação fluida entre os membros da equipe e o cliente.

"Dados e IA não são apenas o futuro; eles estão impulsionando a inovação e a tomada de decisões em todos os setores."

Fei-Fei Li
(codiretora do Stanford Institute for Human-Centered AI — HAI)

Aprendizado Profundo

Neste capítulo, vamos avançar ainda mais na busca por sistemas capazes de simular como o cérebro funciona. Entramos agora no Aprendizado Profundo, um subconjunto do Aprendizado de Máquina que envolve o uso mais amplo do conceito de perceptrons, explorando arquiteturas mais complexas em multicamadas, para as quais é dado o nome de redes neurais. O termo "profundo" é utilizado porque essas redes neurais podem ter muitas camadas, aumentando assim sua capacidade de aprendizado. As origens do Aprendizado Profundo remontam à década de 1940, mas o progresso foi lento devido ao poder computacional limitado e à ausência de dados suficientes para o treinamento. Uma "rede neural simples" como apresentada na Figura 9, é composta de camada de entrada, uma camada "escondida" para processamento e uma camada de saída.

Mas o uso do Perceptron e as redes neurais simples, com somente uma camada de processamento não se mostrou efetivo na prática, tendo praticamente caído no esquecimento. Felizmente, um professor e pesquisador britânico, chamado Geoffrey Hinton, acreditou que havia algo de valor no conceito do perceptron e resolveu investir seu tempo e carreira em pesquisas para evoluir as redes neurais como as temos hoje. Na figura 10, uma rede neural com múltiplas camadas, o que representou uma real evolução para o Aprendizado Profundo:

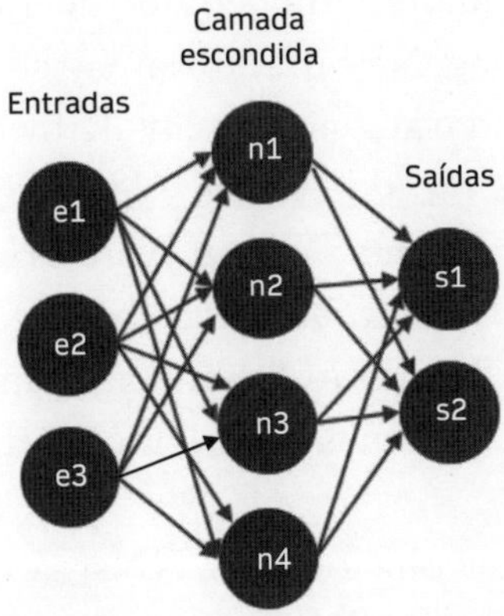

Figura 10 • Rede Neural Simples.
Fonte: o autor.

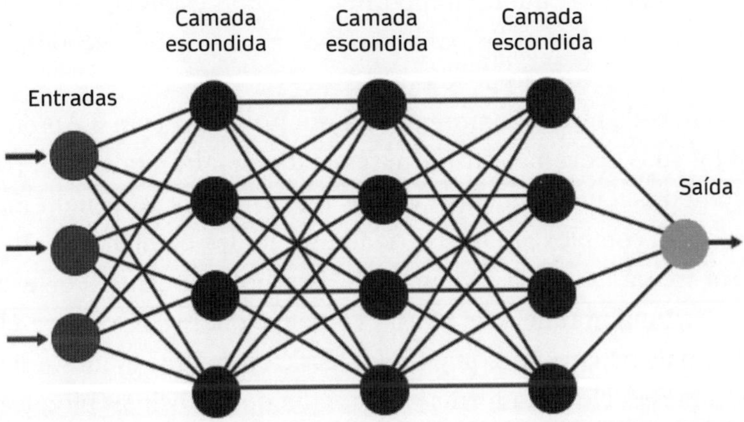

Figura 11 • Rede Neural Complexa - Aprendizado Profundo.
Fonte: o autor.

Na década de 1970, Hinton fazia seu doutorado em IA na Universidade de Edimburgo, Escócia, e concentrou seus esforços numa rede neural que podia ser treinada para reconhecer padrões fazendo uso de perceptrons em múltiplas camadas. Com o tempo, Hinton foi sofisticando suas redes neurais, criando arquiteturas cada vez mais complexas. Na década de 1980, ele desenvolveu um novo tipo de rede neural, chamada "máquina de Boltzmann", capaz de aprender e descobrir padrões em grandes conjuntos de dados. Em 2012, o aprendizado profundo chamou pela primeira vez a atenção da mídia quando uma equipe liderada pelo próprio Hinton venceu a competição ImageNet[1] usando uma rede neural profunda. Suas contribuições ainda ajudaram no desenvolvimento das Redes Neurais Convolucionais (*Convolutional Neural Networks — CNNs*), as Redes Neurais Recorrentes (*Recurrent Neural Networks — RNNs*) e as Redes Gerativas Adversariais (*Generative Adversarial Networks — GANs*). Em 2018, Hinton recebeu o Prêmio ACM Turing, conhecido como o "Prêmio Nobel da Computação", por suas contribuições no campo de Inteligência Artificial.

As Redes Neurais Convolucionais (CNNs) são inspiradas na organização do córtex visual humano. Por esse motivo, são muito utilizadas para tarefas de reconhecimento de imagem, tais como reconhecimento facial, imagens médicas e nos carros autônomos. Já as Redes Neurais Recorrentes (RNNs), são projetadas para transformar uma sequência de entrada numa sequência de saída em um domínio diferente. Elas estão em franco desenvolvimento e têm sido usadas para reconhecimento de fala, reconhecimento de caligrafia e tradução de idiomas.

Até aqui, tudo muito bonito, mas há um problema com o Aprendizado Profundo e suas redes neurais: a necessidade de alto poder de processamento computacional. À medida que as redes neurais se tornam maiores, mais densas e complexas, a quantidade de poder computacional necessário para treiná-las e usá-las aumenta astronomicamente. Por exemplo, para treinar uma grande rede neural convolucional (CNN) para classificação de imagens em um computador desktop padrão pode-se levar de semanas a meses. De certa forma, este foi um dos principais bloqueios que os pesquisadores da área enfrentaram durante décadas em suas pesquisas. Podemos até mesmo dizer que toda parte conceitual e algorítmica já estava pronta e publicada em diversos artigos científicos, mas faltava poder computacional. Entra em cena a NVIDIA e uma tecnologia habilitadora fundamental — e isso aconteceu de uma maneira bem interessante.

Jen-Hsun Huang, Chris Malachowsky e Curtis Priem se conheceram na Universidade de Stanford, onde estudavam design de chips de

1 Competição onde equipes de pesquisadores apresentam sistemas de visão computacional para reconhecer mil objetos, de animais a paisagens e pessoas. O que atinge maior sucesso é o vencedor.

computadores. Em 1993, eles fundaram a NVIDIA na Califórnia e, em 1995, lançaram seu primeiro produto, a placa de vídeo NV1. Isso porque, nos anos 1990, o processamento gráfico 3D estava emergindo em jogos e aplicações, mas os chips da época eram lentos. Para eles, era a oportunidade de desenvolver chips específicos para processamento gráfico, capazes de satisfazer a comunidade de gamers. Assim, lançaram seu primeiro produto, a placa de vídeo NV1 (sem muito sucesso), mas persistiram, e em 1995 começaram a produzir as GPUs[2] (*Graphical Processing Units* — Unidades de Processamento Gráfico) cada vez mais avançadas.

Nos anos 2000, a NVIDIA era primariamente uma fabricante de GPUs para jogos e aplicações gráficas, e seus chips eram amplamente adotados em PCs e consoles gamers devido ao excelente desempenho em computação gráfica. Mas agora é que a história fica interessante. Por volta de 2007, a NVIDIA começou a perceber que pesquisadores na área de *deep learning* estavam utilizando suas GPUs. Isso porque a arquitetura paralela das GPUs era muito adequada para o treinamento de redes neurais. Então, em parceria com a Universidade de Stanford, a NVIDIA lançou, em 2009, a plataforma CUDA e a biblioteca CUDNN, para acelerar o *deep learning* em GPUs. E chegamos onde estamos hoje, com a NVIDIA liderando o mercado quando o assunto são placas aceleradoras de processamento para Aprendizado de Máquina e Aprendizado Profundo. Redes neurais de última geração usadas para reconhecimento de imagem, por exemplo, requerem, para treinamento, milhares de unidades de processamento gráfico (GPUs) trabalhando em paralelo. E isso não custa nada barato, mesmo usando recursos de computação em nuvem, por isso é importante ter o domínio do fluxo de trabalho e saber fazer as escolhas de recursos computacionais adequados em cada fase do desenvolvimento de uma aplicação baseada em IA.

Segundo o prof. Neil C. Thompson [THOMPSON et al., 2020] e seus colegas: "O aprendizado profundo é intrinsecamente mais dependente do

2 Uma Unidade de Processamento Gráfico — Graphical Processing Unit (GPU) — é um tipo especializado de processador de computador que possui muitos núcleos pequenos e especializados que trabalham juntos para realizar cálculos complexos e renderizar gráficos de forma rápida e eficiente. Atualmente são utilizadas para acelerar os processos envolvidos no treinamento de algoritmos de Aprendizado de Máquina e Aprendizado Profundo.

poder computacional do que outras técnicas porque esses modelos têm mais parâmetros e requerem mais dados para treinar." A resposta para o problema de recursos computacionais veio nos anos 2000, com o desenvolvimento e uso das unidades de processamento gráfico ou *Graphical Processing Units* (GPUs) capazes de dar velocidade, poder computacional e eficiência aos algoritmos de aprendizado profundo. Ambas, CNNs e RNNs e, mais recentemente, as redes neurais dos ChatGPTs da vida, requerem centenas de bilhões de parâmetros e podem levar semanas para treinar se não for utilizado um grande *cluster* de *GPUs*. Por exemplo, treinar um grande modelo de linguagem como GPT-3, o qual possui centenas de bilhões de parâmetros, pode levar semanas para treinar em um grande *cluster* de GPUs.

Um exemplo interessante de uso de aprendizado profundo é no desenvolvimento de carros autônomos. Em março de 2017, a Bosch e a NVIDIA anunciaram parceria para o desenvolvimento de um novo computador para carros autônomos com IA. De um lado, a Bosch produziria os componentes e sistemas dos carros, enquanto de outro a NVIDIA contribuiria com o "cérebro" do carro autônomo, sua plataforma de computação DRIVE PX, a qual poderia processar até 30 trilhões de operações de aprendizado profundo por segundo, consumindo apenas 30 watts de energia!

"Talvez devêssemos parar por um momento e nos concentrarmos não apenas em tornar a IA melhor e mais bem-sucedida, mas também em benefício à humanidade."

Stephen Hawking
(físico e cosmólogo, 1942–2018)

Inteligência Artificial Generativa

A IA Generativa tem sido uma área ativa de pesquisa desde a década de 1960, quando Joseph Weizenbaum desenvolveu o primeiro chatbot, chamado Eliza. Foi um dos primeiros exemplos de Processamento de Linguagem Natural (PLN) ou *Natural Language Processing* (NLP) projetado para simular conversas com um usuário humano, gerando respostas com base no texto recebido. Embora o sistema fosse uma implementação primitiva baseada em regras destinadas a sintetizar uma conversa humana, Eliza abriu caminho para novos desenvolvimentos nas próximas décadas no campo da PLN. A IA Generativa pertence ao campo da PLN, mas é construída sobre aprendizado profundo.

Embora a IA Generativa seja uma área focada na pesquisa de IA desde 2014, ela realmente decolou na segunda metade de 2022, quando a tecnologia foi colocada nas mãos dos consumidores com o lançamento de vários serviços de modelo de texto para imagem, como MidJourney, Dall-E 2, Imagen e o lançamento de código aberto do *Stability AI's Stable Diffusion*. Isso foi rapidamente seguido pelo ChatGPT da OpenAI, que hipnotizou os consumidores com uma versão do GPT-3 pré-treinada com massivos dados de texto, diálogo de conversação e capacidade para aprender estruturas que compõem nossa linguagem.

Para melhor compreender as características deste tipo de IA, podemos olhar para seus princípios funcionais e tecnológicos.

Princípios funcionais:

- **Versatilidade:** Isto quer dizer que IAs Generativas podem gerar diversos tipos de saídas em vários domínios. Elas podem criar uma diversidade de conteúdos: texto, imagens, vídeos e áudio dependendo do seu treinamento e propósito. Essa flexibilidade permite seu uso para diferentes tipos de aplicações, em diferentes áreas de conhecimento. O maior exemplo deste tipo de uso são as dezenas de aplicativos disponíveis na internet, capazes de, a partir de um texto descritivo, gerar imagens sofisticadas.

- **Autonomia:** IAs Generativas são capazes de tomar decisões e produzir saídas sem uma constante interação humana. Aprendem a partir de padrões presentes nos dados de treinamento, se adaptam às circunstâncias e refinam suas saídas ao longo do tempo, tudo isso de forma independente.

- **Incerteza e Exploração:** IAs Generativas podem gerar diversas variações e possibilidades a partir de uma mesma entrada. De fato, seus criadores sugerem que sejam utilizadas não para gerar respostas imediatas, com perguntas fechadas, mas com perguntas abertas, diálogos que se aprofundam em variações sobre os temas de interesse. Isso levará à descoberta de novas respostas, e em alguns casos, a inovações inesperadas.

Princípios tecnológicos:

- **Modelos de Aprendizado Profundo:** IAs Generativas são construídas tendo como base modelos avançados de aprendizado profundo, como redes adversariais generativas (GANs) e autoencoders variacionais (VAEs). Esses modelos são capazes de aprender padrões a partir de dados e gerar novos conteúdos. Também ajudam a otimizar e aperfeiçoar ao longo do tempo as saídas geradas.

- **Treinamento em Grande Escala:** IAs Generativas requerem conjuntos de dados em grande escala para aprender padrões e estruturas complexas dentro de domínios específicos. Isso é feito para que as IAs Generativas possam entender as distribuições estatísticas e dependências necessárias para gerar saídas realistas e diversas.

- **Métricas de Avaliação:** IAs Generativas dependem de diferentes métricas para avaliar e analisar a qualidade e desempenho das saídas geradas. Estas métricas fornecem dados sobre a eficácia dos modelos generativos, permitindo seu autoaperfeiçoamento.

As diferentes técnicas e modelos utilizados pela IA Generativa também devem muito a Andrey Markov. Nascido em Ryazan, Rússia, em 1856, Markov estudou na Universidade de São Petersburgo, onde obteve seu doutorado em matemática em 1886. Depois de concluir seus estudos, tornou-se professor na universidade e lá permaneceu pelo resto de sua carreira. Sua maior contribuição para matemática foi a teoria das Cadeias de Markov. Bom, você deve estar pensando: "E qual a relação de Markov com IA Generativa, Murer?" Minha resposta: uma relação íntima e profunda!

As cadeias de Markov são um conceito matemático fundamental usado na IA Generativa para modelar e gerar sequências de dados complexas. Uma Cadeia de Markov é um modelo estocástico (um tipo sofisticado de estatística) que representa uma sequência de eventos, onde a probabilidade de cada evento depende apenas do evento anterior. Vou explicar mais adiante com mais detalhes e exemplos.

Atualmente, temos dezenas de serviços e aplicativos baseados em IA Generativa. O que diferencia um do outro é a saída. Temos ao menos três IAs Generativas sendo usadas pelo público: o ChatGPT da OpenAI; o Gemini do Google e o Claude 3 da Anthropic, sendo que o principal e mais conhecido exemplo de IA Generativa é o mencionado ChatGPT. "Chat" porque foi construído para conversar conosco ao estilo de chatbots, e GPT de Transformador Pré-treinado Generativo — *Generative Pre-trained Transformer*. O que isso significa exatamente? Vamos lá:

- **Transformador:** Este é um tipo específico de arquitetura de rede neural que foi projetada para melhorar o desempenho de tarefas de aprendizado sequencial, como por exemplo compreender as relações entre as palavras numa frase. A arquitetura Transformadora é usada no ChatGPT para permitir que ele entenda e gere linguagem natural.

- **Pré-treinado:** O ChatGPT é uma rede neural que foi treinada usando-se um grande conjunto de dados, antes de ser colocada à disposição das pessoas. No caso do ChatGPT, o modelo foi pré-treinado com grande corpus de dados de texto da internet, como livros, artigos e páginas da web. Segundo a Universidade de Stanford, no ChatGPT-3 foram usados 570 gigabytes de texto. Para se ter uma ideia, 1 gigabyte de texto equivale a 166 milhões de palavras! Esse pré-treinamento fez com que o ChatGPT aprendesse os padrões e a estrutura da linguagem humana, ajudando assim nas respostas, para que estas fossem naturais.

- **Generativo:** No contexto do Aprendizado de Máquina, os modelos generativos são algoritmos capazes de gerar novos dados semelhantes aos dados de entrada. No caso do ChatGPT, o modelo é treinado para gerar respostas semelhantes às humanas no formato de texto.

Vamos para um exemplo. Digamos que você digite o seguinte texto no ChatGPT:

"Complete a frase: O cachorro correu atrás do...".

O ChatGPT irá responder:
"O cachorro correu atrás do gato."

Se você escrever: "Complete a frase: O urso panda comeu..."

O ChatGPT irá responder:
"O urso panda comeu bambu."

Afinal, por que ele completa as frases com as palavras — gato e bambu? Porque não respondeu, por exemplo: "O cachorro correu atrás do rato" ou "O urso panda comeu cenoura"?[1] Como isso funciona?

No caso do ChatGPT, ele vai separar o texto em palavras individuais ou *tokens*. Em seguida, o modelo atribui um peso a cada *token* com base na relevância, coerência, tendências linguísticas e contexto aprendido durante o pré-treinamento. Daí, a importância de usar no pré-treinamento milhões de textos, frases e conteúdos. Também usando dos modelos de Markov[2], ocorre uma análise de padrões e dependências entre as palavras, ou *tokens*, para que o ChatGPT possa gerar texto que seja coerente. Em outras palavras, é um processo de "prever" qual a melhor palavra que se encaixa na sentença, mudando de um estado para outro de acordo com um conjunto de probabilidades, usando de grandes dados de treinamento. Além disso, as IAs generativas conseguem também aprender e refletir as estruturas e relações linguísticas presentes nos textos de pré-treinamento. Isso não é um simples detalhe, mas algo que faz toda diferença em relação aos chatbots já existentes, pois conseguem responder e manter o contexto numa troca de diálogos. Esta talvez seja uma das características mais marcantes e atraentes destes chatbots, que ajudou a atrair milhões de usuários ao redor do planeta. Se você "puxar conversa" o ChatGPT vai longe. Evidentemente que há ainda mais complexidade neste processo, mas basicamente é assim que o ChatGPT opera. Mas assim como para construir produtos e serviços baseados em Aprendizado de Máquina é preciso de pessoal com competências específicas, e isso fica ainda mais evidente quando falamos de IAs Generativas. Para Kai-Fu Lee, "Essa é a era da implementação, e as empresas que quiserem ganhar neste período precisarão de talentosos empreendedores, engenheiros e gerentes de produto." [LEE, 2018]

Entretanto, IAs Generativas não são perfeitas e não estão isentas de problemas. Muitos usuários já notaram isso, ao usar o ChatGPT ou outros

1 A dieta do urso panda é composta de 99% de bambu, mas eles também comem: cana-de-açúcar, mingau de arroz, biscoito especial rico em fibras, cenoura, maçã e batata-doce.

2 Importante citar que o ChatGPT e outras IAs Generativas usam, além das cadeias de Markov, outros modelos estatísticos/probabilísticos.

chatbots tais como o Claude 2 da Anthropic ou Gemini do Google. Entre os principais problemas temos:

Problema nº1 – Alucinações artificiais

São fenômenos em que algoritmos de IA, chatbots tais com o ChatGPT e redes neurais de Aprendizado Profundo produzem resultados que não são reais, não correspondem a nenhum dado no qual o algoritmo foi treinado ou a qualquer outro padrão identificável. Este tipo de problema ocorre em modelos generativos, principalmente quando treinados em grandes quantidades de dados não supervisionados. Para a prof[a]. Emily M. Bender, do Departamento de Linguística da Universidade de Washington:"*Compreender as causas da alucinação em modelos de linguagem como o ChatGPT é fundamental para garantir que o conteúdo gerado pela IA seja confiável e seguro.*"

Problema nº2 – Entendimento e contexto limitados

O ChatGPT possui uma compreensão limitada do contexto, o que pode resultar em problemas para manter conversas consistentes e coerentes. Às vezes, pode fornecer respostas sem sentido ou fora de contexto, pois não possui uma memória profunda das interações passadas na conversa. Essa limitação pode ser frustrante para os usuários que procuram respostas significativas e apropriadas ao contexto.

Problema nº3 – Susceptibilidade a viés e respostas inadequadas

O ChatGPT pode ser influenciado por entradas tendenciosas ou inadequadas, resultando em saídas tendenciosas. Embora esforços tenham sido feitos para torná-lo mais neutro e recusar solicitações inadequadas, ele ainda pode produzir respostas que refletem vieses sociais ou gerar conteúdo ofensivo inadvertidamente. Abordar esse problema é crucial para garantir uma implementação responsável e ética da IA.

Problema nº4 – Custos elevados

De acordo com um relatório de Dylan Patel, analista-chefe da SemiAnalysis, manter o ChatGPT em funcionamento custa aproximadamente US$ 700 mil por dia, o que se traduz em 36 centavos por consulta. E de acordo com reportagem da Reuters, de 22 de fevereiro de 2023: "O Google, por exemplo, poderia enfrentar um aumento de US$ 6 bilhões em despesas até 2024 se a IA semelhante ao ChatGPT lidasse com metade das consultas que recebe com respostas de 50 palavras, projetaram analistas." Você consegue imaginar alguma tecnologia sustentável com este custo tecnológico? Sem dúvida, será preciso avançar ainda mais nas pesquisas por outras plataformas computacionais, talvez a computação quântica, para que seja equilibrada a relação entre velocidade ou tempo de resposta e custos.

Problema nº5 — Direitos autorais

Centenas de milhões de trabalhadores, tais com escritores, programadores de computador, artistas, fotógrafos, compositores de música e jornalistas estão preocupados com as IAs Generativas. Isto porque, para produzir texto, imagem, vídeo ou áudio, essas IAs utilizam enormes quantidades de dados, que contêm frequentemente materiais protegidos por direito autoral. O uso não autorizado desse conteúdo para treinar os modelos gera preocupações sobre violação de propriedade intelectual.

Quando empresas tais como a OpenAi, Google ou Microsoft disponibilizaram para milhões de usuários uma nova ferramenta baseada em IA Generativa, deveriam ter pensado em todos os desdobramentos que poderiam ocorrer. Em especial considerando o problema de direitos autoriais e propriedade intelectual, houve (e ainda está acontecendo) uma reação significativa de vários setores da sociedade contra as IAs Generativas, em especial na forma como estas se apropriaram de textos, imagens e outros tipos de conteúdo para aprender e usar estes conteúdos autorais para recriar suas respostas, fossem estas textos ou imagens, por exemplo. Muitas preocupações foram levantadas sobre possíveis violações de direitos autorais. Uma ação coletiva[3] foi movida contra a Microsoft em relação ao Copilot[4] e, de acordo com o programador e advogado Matthew

3 Aqui o link explicativo: https://githubcopilotlitigation.com/

4 O Microsoft Copilot é uma tecnologia de assistência para programação que foi desenvolvida pela Microsoft em parceria com o GitHub. Ele é capaz de "sugerir" códigos-fonte de programação à medida que você vai desenvolvendo seu próprio código-fonte.

Butterick, responsável pela ação judicial, "Estamos desafiando a legalidade do *GitHub Copilot*." Este evento, ocorrido em outubro de 2022, foi decisivo, a ponto de a Microsoft ter anunciado, em setembro de 2023, um novo contrato de suporte de indenização de propriedade intelectual aos serviços comerciais do Copilot.

Até o momento, somente é possível para IAs Generativas responderem as nossas questões e manter diálogo inteligível e fluído se passaram por uma fase de treinamento com uso massivo de dados. É fato que o uso de conteúdos protegidos por leis de propriedade intelectual tem levantado questões legais sobre violação dos direitos dos autores destes materiais originais. Então qual o caminho para solução?

Recentemente, essas IAs e suas empresas desenvolvedoras têm tomado medidas para mitigar os problemas, em especial de direitos autorais. Ao contrário de sair mastigando toda e qualquer base de dados e fontes da internet, elas estão criando bancos de dados de treinamento baseados em conteúdo de domínio público ou licenciado apropriadamente, isto é, onde seus autores permitem que os mesmos sejam utilizados para fins comerciais. Além disso, estão implementando filtros para detectar e bloquear a geração de texto que se assemelhe demais a um texto protegido por direitos autorais. Outros caminhos podem ser explorados tais como gerar bancos de dados sintéticos, isto é, com texto ou qualquer outro tipo de conteúdo gerado aleatoriamente por outras IAs. Como esse conteúdo é gerado de forma artificial, não há problemas com direitos autorais. Também pode-se usar voluntários e plataformas de crowdsourcing[5], onde estes criariam conteúdos já licenciados para uso das IAs Generativas.

Ainda estamos na infância das IAs Generativas, e o mercado de trabalho será fortemente impactado, pois IAs Generativas podem não apenas melhorar certas atividades de trabalho que usam processos cognitivos mas também automatizar por completo certas funções, tornando a presença humana desnecessária. Apesar dos problemas existentes, o Instituto Gartner incluiu a IA generativa em seu relatório *Emerging Technologies*

5 O *crowdsourcing* obtém serviços, ideias e conteúdo de um grande grupo de pessoas na internet, em vez de empregados ou fornecedores tradicionais. Ele funciona reunindo contribuições voluntárias de um grupo descentralizado para atingir um objetivo específico. Dessa forma, uma empresa pode acessar conhecimento, talento e recursos de muitas pessoas de maneira aberta e participativa.

and Trends Impact Radar, de 2022, como uma das tecnologias mais impactantes e promissoras, no quadrante "produtividade revolucionária". Entre as previsões do Gartner, separei estas duas:

- Até 2025, a IA generativa será usada por 50% das iniciativas de descoberta e desenvolvimento de medicamentos.

- Até 2027, 30% dos fabricantes usarão IA generativa para aprimorar a eficácia do desenvolvimento de produtos.

As perspectivas para os negócios envolvendo IAs Generativas são promissoras, mas é necessário observar e resolver os problemas conexos a elas. De minha parte, acredito que a questão dos direitos autorais é a mais grave e que merece maior atenção, pois os demais problemas podem ser resolvidos "na linha de código". Se o objetivo é que nossa sociedade receba os benefícios desta nova tecnologia, antes de atender aos investidores, é preciso garantir a proteção dos direitos dos cidadãos envolvidos na produção de conteúdos originais. Voltarei a este tema no capítulo dedicado à "Ética Computacional".

Engenharia de Prompt

A engenharia de prompts é o processo de criação de prompts eficazes para modelos de processamento de linguagem natural (PLN), os quais estão no coração das IAs Generativas. Envolve a elaboração de um conjunto específico de instruções ou perguntas que podem ajudar a orientar o modelo para gerar a saída desejada. O objetivo da engenharia imediata é melhorar a precisão e a eficiência dos modelos de PLN, fornecendo-lhes entradas personalizadas que reflitam melhor a tarefa para a qual foram projetadas. Isso pode envolver uma variedade de técnicas, como selecionar dados de treinamento relevantes, escolher vocabulário e sintaxe apropriados e ajustar os parâmetros do modelo para otimizar o desempenho. Segundo Akash Takyar: "A engenharia de prompts é crucial para controlar e guiar as saídas dos Grandes Modelos de Linguagem, garantindo coerência, relevância e precisão nas respostas geradas. Ela ajuda os profissionais a entenderem as limitações dos modelos e refiná-los de acordo, maximizando seu potencial ao mesmo tempo em que mitiga desvios criativos indesejados ou vieses." [TAKYAR, 2023]

Você pode ter um prompt como uma declaração simples ou um bloco de lógica de programação, e até mesmo, o que é mais utilizado, uma sequência de palavras, formando uma frase onde você diz o que exatamente quer como resposta. Os diferentes métodos para criar prompts ajudam as IAs Generativas a gerar respostas únicas, muito personalizadas. Daí vem este nome "Engenharia de Prompt", porque você precisa saber construir frases, como se estivesse construindo uma casa ou uma ponte, com uma finalidade específica, para que tenha uma resposta dentro do que é esperado.

Nesses casos citados acima, estamos falando de prompts de uso geral, para uso em IAs Generativas de uso geral, como por exemplo o ChatGPT, que funciona como um Oráculo de Delfos, respondendo sobre tudo o que se pergunta para ele. Mas há um problema com isso, que são as limitações naturais dos domínios de conhecimento para o qual ele foi treinado. Não que seja raso, mas uma IA Generativa é naturalmente bem generalista. Para resolver isso, algumas startups dedicadas ao desenvolvimento deste tipo de IA já estão realizando a fase de pré-treinamento de forma direcionada. O pré-treinamento é um aspecto essencial da engenharia de prompt, pois ajuda os modelos de PLN a aprender o contexto e a linguagem relevantes de um domínio específico de conhecimento. Por exemplo, um modelo projetado para gerar descrições de remédios de diabetes precisa ser pré-treinado com dados das principais características desta doença. Uma vez aberto para o público, haverá maior probabilidade de assertividade quando, por exemplo, ele for utilizado para responder perguntas sobre os diferentes tipos de diabetes ou tratamentos existentes.

- **Escolher vocabulário apropriado:** Selecionar o vocabulário certo é fundamental para a engenharia de prompt, pois ajuda os modelos a entender melhor a linguagem das perguntas dos usuários e gerar respostas mais relevantes.

- **Incluir contexto no prompt:** Incluir contexto no prompt pode melhorar a precisão do modelo fornecendo mais informações sobre a tarefa específica. Por exemplo, num chatbot de atendimento projetado para responder às perguntas do cliente, adicionar o nome do cliente ao prompt pode ajudar o modelo a gerar respostas mais personalizadas e relevantes.

- **Adaptação de prompts para diferentes idiomas:** os modelos de PLN podem ser treinados para entender e gerar saídas em vários idiomas. Técnicas de engenharia de prompt podem ser usadas para adaptar os prompts de entrada a idiomas e culturas específicas, para melhorar o desempenho do modelo.

Podemos esperar nos próximos anos uma evolução significativa na engenharia de prompt, porque é uma nova interface que nos permite comunicar e tirar o máximo das IAs Generativas.

PARTE 3

"Garantir que a ética esteja incorporada em todos os estágios do ciclo de vida da Inteligência Artificial e garantir proteção, promoção e respeito pelos direitos humanos e liberdades fundamentais."

UNESCO, *Recomendação sobre a Ética da Inteligência Artificial* (2021)

Ética Computacional

Em 1950, um dos mais famosos escritores de ficção científica, Isaac Asimov, em seu livro *Eu, Robô* — uma coleção de contos sobre a convivência entre seres humanos e robôs com alto grau de inteligência —, elaborou um conjunto de leis, as três leis da robótica, para controlar ou limitar as ações dos robôs em nossa sociedade. São elas:

- **Primeira Lei:** *Um robô não pode ferir um humano ou permitir que um humano sofra algum mal.*

- **Segunda Lei:** *Os robôs devem obedecer às ordens dos humanos, exceto nos casos em que essas ordens entrem em conflito com a primeira lei.*

- **Terceira Lei:** *Um robô deve proteger sua própria existência, desde que não entre em conflito com as leis anteriores.*

No futuro imaginado por Asimov, mesmo robôs dotados de inteligência, precisariam de regras bem restritas e específicas, para não provocar danos aos seres humanos e a sociedade na qual estivessem inseridos. Para isso, a solução foi criar as três leis da robótica (posteriormente ele criou uma quarta lei[1]) para que estas máquinas autônomas pudessem agir dentro de fronteiras claras e bem definidas. As leis estavam presentes dentro do cérebro destes robôs. Estas leis podem ser entendidas como princípios éticos, considerando que estão diretamente relacionadas ao comportamento moral, à preservação da vida dos seres humanos com os quais os robôs estão convivendo.

A origem da ética remonta aos primórdios da filosofia na Grécia Antiga, e foram os filósofos Sócrates, Platão e Aristóteles os responsáveis por fazer da ética um campo distinto de investigação filosófica.

A ética é uma disciplina filosófica que lida com princípios morais, valores e a justiça das ações humanas. Ela opera como uma bússola para orientar o comportamento humano e a tomada de decisões, enfatizando a importância das considerações morais e da responsabilidade nas escolhas individuais e coletivas. Os princípios éticos buscam promover o bem-estar humano, o respeito aos direitos individuais e o bem-estar da sociedade como um todo.

À medida que sistemas ou inovações baseadas em IA estão mais e mais presentes em nosso cotidiano, muitas novas frentes de reflexão e preocupação éticas e morais vão surgindo [HAGENDORFF, 2020; SHAW, 2019; KAUFMAN, 2021]. Entretanto, é preciso reconhecer que a área da ética computacional não é algo novo.

A ética computacional surgiu como campo de pesquisa na década de 1940, impulsionada pelo matemático Norbert Wiener, que na época inaugurava uma nova área na ciência, chamada "cibernética". À medida que se aprofundava na cibernética, em especial combinada com os computadores digitais que estavam surgindo naquele momento, Wiener passou a refletir sobre algumas questões éticas relativas à introdução desta nova tecnologia em nossa sociedade. O resultado foi a publicação, em 1950, de seu livro considerado um marco na ética computacional (apesar de Wiener não ter utilizado este termo no livro), chamado *The Human Use of Human Beings* [sem publicação no Brasil], onde ele não só se firmou como o fundador da ética computacional, mas também estabeleceu uma base abrangente para reflexões posteriores que surgiriam sobre a ética e o uso de sistemas

1 Também chamada de Lei Zero, esta lei diz: "Um robô não pode fazer mal à humanidade e nem, por inação, permitir que ela sofra algum mal".

computacionais, inclusive a IA. Mesmo assim, podemos pensar que a ética relacionada ao uso de sistemas baseados em IA ainda está no começo, como apontado por Samuele Lo Piano [LO PIANO, 2020]: "O campo da ética da IA está apenas em sua infância e ainda precisa ser conceituado."

Entre as principais questões éticas, temos: privacidade, preconceito, direitos autorais, discriminação, segurança, desemprego em massa, produção de conteúdo falso e violação de direitos humanos [GONÇALVES, 2020]. Em todas essas frentes, já existem casos reais em todo planeta, que comprovam os riscos da introdução em nossa sociedade de inovações baseadas em IA, que não tiveram, em seu ciclo de desenvolvimento, atenção com relação às questões éticas que se desdobram quando estas inovações efetivamente estão nas mãos dos usuários. Então você, leitor, deve estar pensando que isso deve ser responsabilidade única das empresas que criam essas inovações. Sim, sem dúvida, mas assim como na indústria robótica industrial foi necessária a atuação de governos e institutos independentes para criação de regulamentações, guias e certificações de segurança, o mesmo vale para as inovações baseadas em IA. É, digamos, uma responsabilidade compartilhada.

Porém, temos dois fatores que são inerentes à IA, que tornam a tarefa para criar mecanismos de monitoramento e regulamentações éticas por governos e instituições algo ainda mais complicado: a curva de adoção e o autoaprendizado.

- **Curva de adoção:** É clara a evidência de que esta curva de adoção de novas tecnologias está cada vez mais acelerada, em especial entre os mais jovens. A matemática utilizada para se comprovar isso é bem simples: basta comparar o tempo que os sistemas ou aplicativos levaram para atingir o mesmo número de usuários. A figura a seguir mostra um comparativo entre as últimas ondas de aplicativos e plataformas comparando com o ChatGPT (um chatbot baseado em IA Generativa, da qual falarei nos próximos capítulos), lançado oficialmente, ainda como protótipo, em novembro de 2022.
  Kyle Hailey, fundador da Artwave.ai, publicou esse gráfico em sua conta no X (antigo Twitter). Ele mostra que o ChatGPT levou somente cinco dias para chegar a um milhão de usuários (10^6).

Mais dois meses, e ele já havia chegado a 100 milhões de usuários (10^8). Para se ter uma base de comparação, o Instagram levou dois anos e meio para chegar a 100 milhões de usuários, e isso porque era um aplicativo móvel. Importante citar que a versão do ChatGPT que atingiu essa quantidade de usuários é somente web. Essa aceleração, digamos, absurda, teria sido ainda maior se uma versão para smartphones houvesse sido lançada simultaneamente. Aceleradas curvas de adoção implicam em mínimo ou quase nenhum tempo para que governos ou pesquisadores da área possam analisar os efeitos colaterais e implicações éticas associadas.

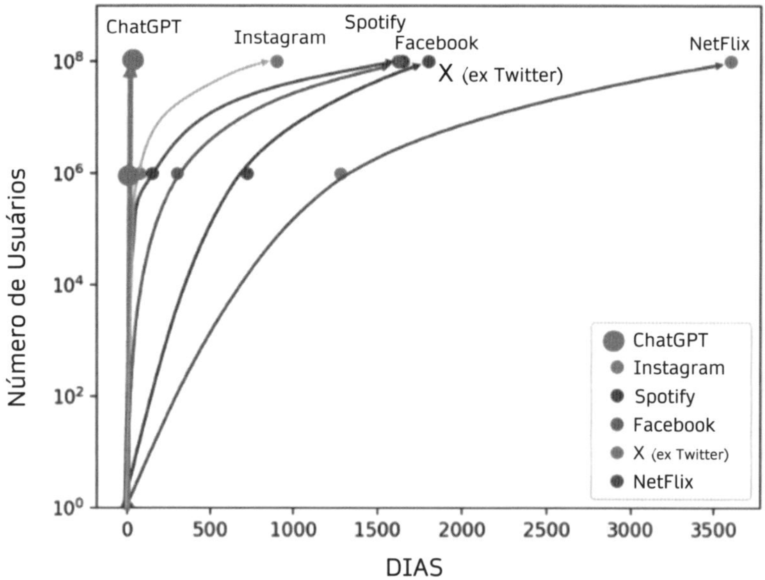

Figura 12 • Curva de adoção ChatGPT.
Fonte: Kyle Hailey.

- **Autoaprendizado:** Os sistemas e inovações baseados em IA, tais como ChatGPT, possuem uma característica que os demais (presentes na Figura 12) não têm: eles evoluem, se adaptam, aprendem com o tempo, e mudam seus parâmetros para atender novas situações sem terem sido explicitamente programados para isso. Isso significa que estas inovações vão melhorar seu desempenho, ficando cada vez mais difícil prever seu comportamento ou controlar suas ações. Este fato torna ainda mais difícil para organizações não governamentais e diferentes instituições de proteção dos direitos civis, por exemplo, desenvolver sistemas ou regras para observabilidade e transparência. Para os governos, fica a responsabilidade de criar leis e políticas capazes de regulamentar seu uso e proteger a privacidade e segurança dos cidadãos. Isso passa pelo desenvolvimento de diretrizes éticas para o desenvolvimento e uso da IA, e investimentos em pesquisa e desenvolvimento para promover instituições e sistemas capazes de monitorar, analisar e medir os riscos e desdobramentos desta nova era que está somente em sua infância.

Questões éticas tornam-se cada vez mais importantes na medida que os efeitos colaterais das inovações baseadas em IA ficam mais evidentes em nossa sociedade. Pesquisadores e instituições globais têm procurado definir princípios, boas práticas ou *frameworks*. A OCDE e a UNESCO [OCDE, 2019; UNESCO, 2021] publicaram recentemente documentos relevantes sobre o tema, com princípios éticos para o desenvolvimento, uso e monitoramento de sistemas baseados em IA.

Uma das abordagens mais consistentes e abrangentes foi publicada pela UNESCO em 23 de novembro de 2021 [UNESCO, 2021], e chama-se *Recomendação sobre a Ética da lnteligência Artificial.* Ela fornece um guia ético global para o desenvolvimento e uso da IA, com 10 valores, princípios e recomendações políticas para orientar os estados-membros e demais atores sobre como maximizar os benefícios da IA e minimizar riscos e danos potenciais.

Princípios:

1. Respeito, proteção e promoção dos direitos humanos e das liberdades fundamentais, incluindo privacidade, não discriminação e proteção de vulneráveis.
2. Garantia de transparência e explicabilidade dos sistemas de IA, para possibilitar supervisão e responsabilização.
3. Comportamento ético e valores humanos deverão orientar o ciclo de vida dos sistemas de IA.
4. Sustentabilidade ambiental e ecossistêmica deverá ser assegurada.

5. Diversidade e inclusão deverão ser garantidas para que todos possam se beneficiar da IA.
6. Viver em sociedades pacíficas, justas e interconectadas.
7. Promoção do bem-estar humano e da segurança.
8. Responsabilização de todos os atores do ciclo de vida dos sistemas de IA.
9. Governança inteligente da IA deve ser inclusiva e adaptável.
10. Fomento da conscientização e da alfabetização sobre a ética da IA.

Apesar da UNESCO colocar em seu documento que ela dá atenção especial às implicações éticas mais amplas dos sistemas de IA em relação às áreas centrais de sua atuação — educação, ciência, cultura, comunicação e informação —, fica claro que os princípios devem ser seguidos de forma abrangente, e não somente por governos de todo o mundo.

"Questões éticas em relação aos sistemas de IA dizem respeito a todos os estágios do ciclo de vida de tais sistemas, entendidos aqui como abrangendo desde pesquisa, design e desenvolvimento, até implementação e uso, incluindo manutenção, operação, comércio, financiamento, monitoramento e avaliação, validação, fim de uso, desmontagem e término. Além disso, os atores de IA podem ser definidos como qualquer ator envolvido em pelo menos uma etapa do ciclo de vida do sistema de IA, e podem se referir tanto a pessoas físicas quanto jurídicas, tais como pesquisadores, programadores, engenheiros, cientistas de dados, usuários finais, empresas, universidades e entidades públicas e privadas, entre outros." [UNESCO, 2021]

Quando olhamos para dentro das organizações e para o desenvolvimento de produtos, serviços ou aplicações baseadas em IA que estão sendo realizados e disponibilizados para o público em geral, as questões éticas tornam-se ainda mais importantes. Vou abordar cinco temas considerados críticos quando inovações, sistemas ou aplicativos baseados em IA deixam de ser experimentos para se tornarem parte de nosso cotidiano, algo que já está acontecendo por exemplo com veículos autônomos e sistemas médicos de diagnósticos de doenças. Para cada um destes temas, a bibliografia é muito densa, o que por um lado é bom sinal, enquanto de outro, mostra a complexidade do tema, tanto em relação ao seu entendimento, quanto de seus desdobramentos, por exemplo nas áreas jurídica e na política.

Para o leitor que está envolvido em projetos baseados em IA, recomendo fortemente um aprofundamento em cada um dos temas descritos de forma breve a seguir. São eles: responsabilidade, privacidade, trabalho e desemprego, direitos autorais, e *bias* ou viés.

Responsabilidade

Determinar a responsabilidade em relação à IA é um desafio complexo, isto porque todo sistema ou inovação baseada em IA envolve múltiplos participantes. No momento atual, no qual vemos sistemas baseados em IA cada vez mais presentes em nosso cotidiano, o potencial para consequências negativas vai se tornando mais evidente [de ANDRADE & FACCIO, 2019; GONÇALVES, 2020]. Assim, compreender quem deve ser responsabilizado por ações geradas pela IA se torna cada vez mais complexo. Tradicionalmente, a responsabilidade por ações (seja civil, jurídica ou criminal) é atribuída a nós, seres humanos, que tomamos decisões e somos responsáveis pelas consequências destas decisões. No entanto, os sistemas de IA operam com base em algoritmos, dados de treinamento e modelos complexos, muitas vezes tomando decisões autônomas sem intervenção humana direta. Para Araz Taeihagh: "Como a IA depende em grande parte dos processos de ML que aprendem e adaptam suas próprias regras, os humanos não estão mais no controle e, portanto, não se pode esperar que sempre sejam responsáveis pelo comportamento da IA." Um caminho para solução é criar sistemas de IA que forneçam explicações interpretáveis para seus resultados, permitindo que os usuários compreendam a lógica por trás das decisões tomadas. Nesse caso, os próprios sistemas de IA devem fornecer explicações claras para suas saídas (transparência), de forma que possam compartilhar parte da responsabilidade, especialmente nos casos em que o sistema contribui diretamente para um resultado prejudicial.

Privacidade

Privacidade é um direito que temos de controlar as informações que estão sendo usadas e propagadas sobre nós mesmos. Essas informações podem ser pessoais, atividades sociais, nossas comunicações, contratos, acordos, enfim, tudo o que diz respeito à nossa pessoa. Em tempos de mídias sociais, parece algo fora de contexto, afinal a grande maioria das pessoas usa as mídias sociais como forma de exposição de sua vida particular. Mas esse tipo de postura ou atividade tem seu preço, considerando que, ao "transferir" seus dados pessoais para terceiros, no caso, as grandes plataformas de mídias sociais, eles podem fazer uso indiscriminado destes dados para outros fins, em especial, para vigilância, monitoramento e uso comercial. A privacidade de todos que estão navegando e publicando informações pessoais na Internet e em plataformas de mídias sociais deve ser preservada.

Com a quantidade crescente de dados coletados e analisados por plataformas de mídias sociais e por sistemas baseados em IA, existe o risco de que informações confidenciais sejam mal utilizadas ou compartilhadas sem consentimento. Esse risco é particularmente grave na área da saúde, onde sistemas de IA estão sendo desenvolvidos para analisar os dados de pacientes para identificar possíveis problemas de saúde. Vazamentos ou intrusões indevidas nestes dados pode ser algo extremamente grave. Além disso, esses dados podem ser usados para fins nefastos, como discriminação na hora de definição de seguros de saúde ou publicidade direcionada.

Quando se está trabalhando com Aprendizado de Máquina, a primeira fase do ciclo de trabalho sempre tem início com exploração e mineração das bases de dados, que servirão de "alimento" para os algoritmos de Aprendizado de Máquina realizarem predições, classificações e outros processos inteligentes. Se usarmos estes dados sem o consentimento prévio dos proprietários dos dados, isto é, aqueles que forneceram seus dados para esta empresa, vamos nos dar mal. A Lei Geral de Proteção de Dados ou LGPD, é bem clara quanto a isso no artigo 7º: "Estabelece as bases legais para o tratamento de dados pessoais, incluindo o consentimento do titular dos dados." Um dos caminhos, é anonimizar[2] e, como veremos adiante, há ferramentas digitais para que isso possa ser feito de forma automática.

Trabalho e desemprego

Carros autônomos estão se tornando uma realidade. Não há dúvida que são uma das inovações baseadas em IA mais sofisticadas de nosso tempo. Estatísticas têm demonstrado que, em determinados cenários, são muito mais seguros do que nós, quando estão na direção (curiosamente, quando não há ninguém na direção, a sensação que se tem num carro autônomo é que ele está sendo dirigido por um fantasma). Eles são exemplos de um cenário de desemprego que está por vir entre motoristas de táxi, ônibus e caminhões. Nos Estados Unidos, 3,8 milhões desses trabalhadores operam veículos motorizados, como caminhões ou táxis, e os caminhoneiros são os mais vulneráveis à automação porque trafegam principalmente em rodovias, onde é mais fácil para os algoritmos de IA serem utilizados devido à regularidade e quantidade significativamente menor de pessoas, cruzamentos e sinalizações. À medida que os sistemas de IA tornam-se capazes de realizar mais e mais tarefas humanas, o risco de substituição em massa de trabalhadores humanos é real e inevitável, isso certamente vai se desdobrar em desigualdade social e problemas emocionais mais sérios. Um relatório do McKinsey Global Institute descobriu que até 800 milhões de empregos podem ser perdidos para a automação até 2030.

É preciso que as organizações e governos criem sistemas, processos e políticas capazes de não só avaliar o impacto potencial das inovações baseadas em IA no emprego, mas também de promover novas jornadas de educação e capacitação, para recolocar no mercado de trabalho os que estão perdendo seus empregos. Um outro conceito explorado por alguns empreendedores, políticos e cientistas sociais é estabelecer uma renda básica universal como forma de lidar com a disrupção econômica causada pela IA e pela automação. Entre os defensores desta ideia estão Andrew

2 Significa remover ou embaralhar informações que possam identificar uma pessoa específica de um conjunto de dados. Isso é feito para proteger a privacidade da pessoa.

Yang, empreendedor e político norte-americano e Elon Musk, que paradoxalmente possui entre suas empresas a Tesla, líder de mercado em carros autônomos movidos a IA.

Direitos autorais

Outro componente que também está relacionado à ética, é observar os direitos autorais do conteúdo que se está utilizando. As inovações baseadas em IA Generativa usam textos, arquivos de áudio, música, imagens e vídeos disponíveis na Internet como referências para recriar, com seus algoritmos, os conteúdos para suas respostas. Mas, se estes algoritmos estão usando, de forma sistemática e contínua, obras que possuem autores bem definidos, há questões de direito autoral envolvidas. Temos três tipos, basicamente:

- **Copyright:** O artista que criou a obra de arte digital tem o direito exclusivo de reproduzir, distribuir e exibir o trabalho. Copyright é um direito automático que entra em vigor quando a obra de arte é criada.

- **Licenciamento:** O artista que criou a obra de arte digital pode optar por licenciar seu trabalho para terceiros mediante o pagamento de uma taxa. A licença pode especificar como o trabalho pode ser usado e por quanto tempo.

- **Marcas registradas:** uma obra de arte digital também pode ser protegida por marcas registradas, que são usadas para identificar a origem da obra e assim diferenciá-la de outras.

Em um caso registrado em novembro de 2021, num tribunal da Califórnia, uma ação judicial coletiva foi movida contra Artbreeder, uma plataforma para criação de imagens que usa IA Generativa. O Artbreeder está sendo acusado de usar imagens capturadas de plataformas online sem a devida atribuição ou permissão dos criadores originais, o que representa uma violação dos direitos dos autores.

Bias ou Viés

Outro tema ético muito importante e relevante é conhecido por *bias* ou viés de preconceito [COZMAN & KAUFMAN, 2022). Já foram identificados diversos sistemas baseados em IA que exibem preconceitos raciais e de gênero, o que pode resultar em tratamento injusto para certos grupos de pessoas. Para Jonathan Shaw: "Os sistemas de IA podem reforçar o que aprenderam com dados do mundo real, amplificando até mesmo riscos familiares, como o preconceito racial ou de gênero." Em 2018, um estudo feito pelo MIT MediaLab descobriu que os sistemas de reconhecimento facial da IBM, Microsoft e Face++[3] apresentavam taxas de erro mais altas para indivíduos e mulheres de pele mais escura. Por exemplo, o sistema da Microsoft tinha uma taxa de erro de 20,8% para mulheres de pele escura, em comparação com apenas 0,3% para homens de pele clara. Mais recentemente, em 2020, o Facebook foi criticado por permitir anúncios que discriminavam trabalhadores e mulheres mais velhos. A US Equal Employment Opportunity Commission (Comissão para Oportunidades Iguais de Emprego dos EUA) entrou com uma ação contra o Facebook, alegando que suas ferramentas de direcionamento de anúncios estavam excluindo, de forma sistemática, trabalhadores mais velhos e mulheres de ver anúncios de emprego. O Facebook fez um acordo, pagando US$ 5 milhões e concordou em fazer alterações em suas ferramentas de segmentação de anúncios.

Uma boa notícia é que Google, Microsoft e Facebook já oferecem ferramentas para mitigação de viés no Aprendizado de Máquina. Também existem diversas técnicas capazes de mitigar viés de preconceito e algumas delas podem ser utilizadas diretamente nos bancos de dados antes de seu uso pelos algoritmos de Aprendizado de Máquina, por exemplo. Também garantir diversidade e inclusão nos times que estão criando e desenvolvendo o produto ou serviço inovador baseado em IA é um bom caminho, pois eles podem fazer análises e testes mais severos nos diferentes ciclos de trabalho do Aprendizado de Máquina.

[3] A Face++ é uma empresa de tecnologia de reconhecimento facial com sede na China. Foi fundada em 2011.

Ideal seria que a primeira versão das inovações baseadas em IA já tivesse em seu núcleo funcional, em seus algoritmos, os princípios éticos e morais apresentados anteriormente, mas isso ainda não ocorre, até porque há uma corrida por ganho de mercado entre as empresas que atuam neste segmento. O que estamos observando é que serviços ou sistemas baseados em IA representam hoje uma "corrida do ouro" e as empresas estão lançando seus novos serviços ou sistemas focadas na rápida aquisição de clientes. Na maioria das vezes, as questões éticas são vistas como bloqueantes ou representam atrasos para novos lançamentos, algo visto como prejudicial para os negócios.

Vou finalizar este capítulo com algumas recomendações que considero simples, mas eficientes, para empresas e empreendedores que compreendem a importância fundamental que é seguir os princípios éticos quando o assunto é lançar serviços ou sistemas baseados em IA. Bom lembrar que somos nós, seres humanos, os usuários finais destas novas tecnologias.

- **Guia de Princípios Éticos:** Ideal que a empresa já tenha pensado e refletido sobre o tema da ética, feito a leitura dos princípios éticos relacionados à IA divulgados por organizações globais, tais como a OCDE e UNESCO, e que a equipe responsável por desenvolver a inovação baseada em IA conheça estes princípios. Em seguida, recomendo a criação de um "Guia de Princípios Éticos" [ROTHENBERGER, 2019; HAGENDORFF, 2020], algo prático e direto, que sirva de referência e orientação para a tomada de decisões durante toda a jornada de desenvolvimento de um projeto baseado em IA. Lembre-se que estes princípios devem ser abrangentes (há outros além dos cinco temas que abordei anteriormente), e devem ser revistos periodicamente, pois a IA está evoluindo constantemente.

- **Testes Éticos:** Além dos testes técnicos, funcionais e relacionados à experiência do usuário, é fundamental adicionar "testes éticos", isto é, focados em validar se os princípios éticos foram garantidos durante a concepção e desenvolvimento. O resultado destes testes permite avaliar o grau de risco de futuras complicações.

- **Equipe Ética:** Esta equipe de colaboradores deve ser formada por profissionais de diversas áreas, com alto grau de diversidade e experiências, que tenham passado por um treinamento sobre IA e as diferentes questões éticas e morais envolvidas quando se está inovando com base em IA. Esta equipe não é uma equipe técnica, e seus membros devem ser responsáveis por manter o Guia de Princípios Éticos e as recomendações em dia, participando ativamente da jornada de desenvolvimento de produtos e serviços baseados em IA, e também da fase de testes. Ideal que estejam atentos aos canais de comunicação com o cliente, que sejam capazes de compreender as implicações jurídicas do não cumprimento dos princípios éticos delineados no guia. Ideal também que promovam para todos os colaboradores da organização, com recorrência, atividades para conscientização da importância de se observar as questões éticas quando da criação, desenvolvimento e, em especial, seus membros devem participar ativamente da fase de testes.

Na corrida em busca de sucesso e clientes, estas recomendações devem ser vistas mais como um farol para iluminar o caminho na Quarta Revolução Digital, onde Aprendizado de Máquina e IAs Generativas são as principais tecnologias para a criação e desenvolvimento das inovações digitais, e as questões éticas ganharam ainda mais relevância. Na minha experiência, considero que observá-las não é opcional, mas sim um requisito obrigatório, uma forma de agir com responsabilidade na busca de uma sociedade melhor e mais justa para todos.

PARTE 4

Plataformas

Existem várias plataformas populares para trabalhar com IA, mais especificamente Aprendizado de Máquina. Mas antes de "colocar a mão na massa", vale um alerta importante: o Gartner afirma que 85% dos projetos de IA falham devido a objetivos pouco claros e processos obscuros de gerenciamento de projetos de P&D. Sim, de fato, há uma alta probabilidade de sua jornada de inovação baseada em IA, isto é, seu projeto de Aprendizado de Máquina, não entregar o que foi prometido ou, em outras palavras, não dar certo. As razões para que isso possa ocorrer são diversas, mas aqui descrevo as principais, que podem ser entendidas como "pré-requisitos" para o sucesso de um projeto de inovação baseado em IA.

- **Acesso a dados:** Todos os modelos, algoritmos, plataformas que você vai precisar necessitam de dados. Neste livro, já dediquei um capítulo e escrevi de forma densa sobre este tema. Subestimar o acesso aos dados (os quais, em 100% dos casos, está na área de TI da organização), assim como o quanto estes estão atualizados, para que as respostas dos modelos sejam coerentes e relevantes, é um erro grosseiro. Assim, antes de começar, bom ter sempre o gestor de dados da organização fazendo parte do projeto. Ele tem as "chaves dos cofres" onde tudo tem início.

- **Comece pequeno:** A experiência mostra que os primeiros projetos serão complexos em diversas frentes. Em dados, como citei anteriormente, na montagem do time, pois você irá precisar de especialistas da área, na solução das questões éticas e jurídicas envolvidas no processo. Assim, projetos iniciais precisam ser pequenos, sem criar expectativas de milhões de reais de retorno. Uma vez superadas as dificuldades do primeiro projeto, coloque os demais "casos de uso" numa esteira, e observe os ganhos de produtividade e redução de risco e tempo.

- **Desenvolva as pessoas:** Estamos passando por uma fase de aumento exponencial de conhecimento em relação à IA e suas subáreas. Envolva o máximo possível de pessoas das áreas de negócio, marketing e tecnologia nos primeiros projetos e defina um processo de capacitação. Quanto mais a "nova linguagem da IA" estiver presente na mente de colaboradores de outras áreas, mais demandas, ou casos de uso, vão surgir.

Muito bem, agora que você já está se preparando para vencer os primeiros desafios, vamos às ferramentas ou plataformas que seu time vai utilizar. Dependendo do tipo de caso de uso, isto é, de problema que você vai resolver, caberá ao seu time de dados definir a plataforma e as linguagens de programação que vão utilizar para entrega do projeto. Antes, porém, vou introduzir dois conceitos novos, os quais têm ajudado a acelerar os projetos de inovação baseados em IA, e também ajudado muita gente que não é da área de tecnologia a compreender e fazer algumas experimentações em IA. São eles o AutoML e o *Low-code/No-code*.

Low-code/No-code

O *Low-code/No-code* ou Baixo-código/Nenhum-código segue a linha de democratizar e ampliar o acesso à tecnologia, no caso da área de programação, para mais pessoas. A ideia do *Low-code/No-code* é permitir aos usuários criar aplicativos de software com esforço mínimo de codificação, usando interfaces visuais de arrastar e soltar e componentes pré-construídos. De acordo com o relatório Gartner Magic Quadrant, 65% do desenvolvimento de aplicativos ocorrerá em plataformas de Aprendizado de Máquina sem o uso de código ou com baixo ou mínimo uso de código até 2024.

Com plataformas *Low-code/No-code*, usuários não técnicos podem criar e customizar aplicações sem ter que escrever códigos complexos. Vou citar três exemplos, mas há dezenas deles:

- **Obviously.ai**

  De acordo com seus fundadores, eles "criaram uma ferramenta que permite que analistas de negócios não técnicos executem previsões rapidamente em seus dados históricos, com apenas alguns cliques, permitindo que tomem melhores decisões de negócios, rapidamente." A Obviously.ai permite entrar no mundo do Aprendizado de Máquina, usando modelos de regressão, classificação e séries temporais. No site você ainda encontra diversos casos de uso.

  URL: https://www.obviously.ai/

- **Teachable Machine**
  No campo do Aprendizado de Máquina, uma das práticas mais utilizadas para ensino dos processos é o reconhecimento de padrões, em especial em imagens. Assim, o Teachable Machine é uma ferramenta web muito interessante porque além de você poder utilizá-la para reconhecer imagens, treinar e exportar seus modelos, há todo uma jornada de aprendizagem na área envolvida no processo.
  URL: https://teachablemachine.withgoogle.com

- **MonkeyLearn**
  Um dos casos de uso mais comuns para Aprendizado de Máquina é classificar e compreender o feedback de clientes. Em especial considerando que este feedback chega hoje em formato de texto, escrito nas mais variadas formas. O MonkeyLearn, é uma plataforma *Low-code/No-code* que permite limpar, visualizar e rotular o feedback de clientes, e os dados resultantes são apresentados numa interface gráfica amigável.
  URL: https://monkeylearn.com/

A abordagem *Low-code/No-code* está popularizando o uso de modelos de Aprendizado de Máquina. São interfaces visuais, fáceis de aprender e de obter resultados. Embora a maioria das soluções existentes sejam pagas, elas podem acelerar a adoção e busca de resultados, em especial em projetos com prazo bem restritos de entrega. Outra vantagem é que o uso destas plataformas, permite que o time de dados possa se dedicar à parte de coleta, pré-processamento limpeza, tratamento e padronização, garantindo que os dados estejam prontos para a etapa de treinamento do modelo.

Automação – AutoML

O AutoML, *Automated Machine Learning* (Automação para Aprendizado de Máquina), é uma abordagem de Aprendizado de Máquina que automatiza todo o fluxo de trabalho de criação, treinamento e implantação de modelos de ML. O objetivo do AutoML é tornar o processo de desenvolvimento de modelos de ML mais fácil, rápido e acessível a uma ampla gama de usuários, incluindo aqueles com pouca ou nenhuma experiência em Aprendizado de Máquina. Em termos gerais, o AutoML promove e acelera as seguintes etapas num projeto:

- **Processamento preliminar de dados:** o AutoML ajuda muito na aceleração do processo, pois é utilizado na limpeza, tratamento, normalização e alinhamento dos dados com as necessidades do caso de uso. Isso economiza tempo e garante consistência nesta etapa do projeto.

- **Escolha do modelo de aprendizado certo:** as ferramentas do AutoML podem avaliar e comparar automaticamente o desempenho de vários algoritmos de Aprendizado de Máquina a partir do conjunto de dados fornecido. Isso ajuda a selecionar o modelo mais adequado para a tarefa específica, economizando esforço manual e reduzindo o risco de escolher modelos abaixo do ideal.

- **Otimização de hiperparâmetros**[1]: São definições de configuração que afetam o desempenho do modelo, mas não são aprendidas durante o treinamento. O AutoML pode pesquisar e otimizar automaticamente hiperparâmetros para modelos de Aprendizado de Máquina. Essa automação elimina a necessidade de ajuste manual e melhora a eficiência.

- **Treinamento de modelo com parâmetros ideais:** depois que os hiperparâmetros ideais são determinados, as ferramentas do AutoML podem automatizar o processo de treinamento de modelo usando as configurações de hiperparâmetro identificadas. Isso garante que o modelo seja treinado com a melhor configuração possível, economizando tempo e esforço para o praticante.

Podemos dizer que o AutoML é uma forma de democratizar o processo de construção de modelos de Aprendizado de Máquina, tornando-o mais acessível a usuários que não tenham toda a base de conhecimento que esta subárea da IA exige e, claro, ajuda a acelerar o ritmo de trabalho e a entrega dos projetos. Para seleção das plataformas que vou apresentar a seguir, pesquisei e testei aquelas que também tivessem como característica o *Low-code/No-code*, assim fica ainda mais fácil a adoção por aqueles que não possuem uma formação em tecnologia. Nesse caso, antes de adotar qualquer uma das plataformas, ideal que você já esteja trabalhando com um time de dados, para compartilhar ideias e experimentações. Todas as plataformas de AutoML citadas são bem populares, e usadas nas mais diferentes organizações e instituições de ensino.

1 Hiperparâmetros controlam vários aspectos do modelo de Aprendizado de Máquina, tais como: complexidade, capacidade e capacidades de generalização. Exemplos de hiperparâmetros incluem a taxa de aprendizado, o número de camadas ocultas em uma rede neural, a força de regularização e o tamanho do lote. A escolha de valores de hiperparâmetros apropriados é crucial porque eles afetam diretamente o desempenho do modelo, a velocidade de convergência e a capacidade de generalização.

Amazon Sagemaker Autopilot e Canvas

Esta plataforma foi lançada pela Amazon em 2019, e vem evoluindo deste então. A plataforma automatiza todo o processo de Aprendizado de Máquina, desde o pré-processamento de dados e engenharia de recursos até a seleção de modelos e otimização de hiperparâmetros, treinamento do modelo e implantação. Elimina a necessidade de intervenção manual em cada etapa, economizando tempo e esforço. O Amazon SageMaker Autopilot é parte da plataforma Amazon Sagemaker, a qual oferece uma camada gratuita para os usuários iniciarem com projetos e experimentações. Essa gratuidade é oferecida por tempo (em horas de uso) de diferentes recursos que vão desde os notebooks Jupyter, para codificar projetos específicos, até o uso de recursos de hardware, tais como CPUs ou GPUs. Acompanhe com atenção o uso das horas. Recomendo adotar sinalizadores ou alertas para avisá-lo quando o consumo chega aos limites da camada gratuita. A Amazon ainda oferece para analistas de negócios uma interface visual que lhes permite gerar previsões usando Aprendizado de Máquina, sem exigir experiência, uma formação em IA ou escrever uma única linha de código.
URL: https://aws.amazon.com/sagemaker/

Google AutoML Cloud

A arquitetura de redes neurais é usada pelo Cloud AutoML. As interfaces do usuário para aprender e implantar modelos neste produto do Google são diretas. A plataforma suporta várias tarefas como classificação ou curadoria de imagens, vídeos, textos e dados em tabelas. O Google oferece atualmente US$ 300 em créditos para se usar a plataforma gratuitamente. Após o consumo dos créditos, o usuário terá que pagar pelo uso e, como muitas das plataformas disponíveis, o valor do pagamento é pelo uso e por “o que se usa”. Evidentemente, o processamento de grandes bases de dados irá sair mais caro. Recomendo fazer testes antes de iniciar treinamento e experimentações.
URL: https://cloud.google.com/automl

- **Azure Automated Machine Learning**
  A Microsoft também desenvolveu uma plataforma AutoML baseada em nuvem que fornece várias ferramentas e recursos para criar e implantar modelos de ML. A plataforma é bem robusta e pode realizar as seguintes tarefas: classificação, regressão, previsão de série temporal, classificação de texto, classificação de textos e imagens. Uma outra vantagem é a integração com outros produtos da Microsoft, tais como o Microsoft Power BI e o Dynamics 365. A Microsoft oferece US$ 200 de créditos no primeiro mês de uso, depois você paga pelo que usa, e tem acesso a dezenas de serviços gratuitos. Aqui vale a mesma recomendação que fiz para o Amazon Sagemaker.
  URL:https://azure.microsoft.com/pt-br/products/machine-learning/automatedml/

Não há um modelo único para tomada de decisão quando o assunto é escolher uma plataforma ou parceiro para o desenvolvimento de sistemas ou inovações baseadas em IA. O mercado está mais ou menos alinhado quanto ao pagamento por uso, mesmo assim, os valores podem variar bastante porque as faixas de gratuidade e os modelos adotados para cobrança por uso de processadores (CPUs ou GPUs) variam de um fabricante para outro. Outro detalhe que muitas organizações negligenciam, mas é fundamental ser observado, está no armazenamento vs. processamento dos dados. Há uma diferença entre armazenar dados, algo que normalmente tem custos reduzidos, em especial em arquiteturas na nuvem, e processar dados, isto é, fazer uso destes mesmos dados para experimentar ou testar hipóteses com diferentes algoritmos. Observar esses custos também é algo que deve ser feito com critério.

Uma recomendação é começar o processo de fora para dentro, como apresentado no capítulo dedicado ao "Fluxo de Trabalho em Aprendizado de Máquina", escolher e definir muito bem o caso de uso, iniciar pequeno para trilhar um caminho de aprendizado contínuo, até chegar aos desafios maiores e mais complexos. Também recomendo que seja feito um *benchmark* entre os principais fornecedores de soluções, onde os temas ou requisitos que devem ser considerados reflitam os interesses da organização a médio e longo prazos, pois projetos baseados em IA não são jornadas curtas, mas exigem tempo e investimentos contínuos.

Conclusão

Enquanto escrevo esta conclusão, muitos dos temas apresentados neste livro estão sendo aperfeiçoados e desenvolvidos em universidades e *startups* ao redor do mundo. Novos sistemas, aplicações e serviços baseados em IA estão surgindo praticamente todos os dias. Sim, é algo completamente alucinante pensar no ritmo das mudanças que já estão acontecendo e ainda acontecerão por conta da IA. O que podemos considerar como certo, é que a IA vem se tornando parte integral de nossa sociedade e que nosso futuro será definitivamente marcado pela ampliação de sua adoção em larga escala por governos e organizações de todos os segmentos. Este é um caminho sem volta. Mas, na medida em que sistemas baseados em IA se tornam mais abrangentes, devemos, na mesma medida, criar regulamentações, princípios e leis capazes de garantir que diferentes dimensões éticas e morais relacionadas à IA sejam respeitadas.

Como vimos neste livro, modelos de IA podem perpetuar a desigualdade e a discriminação, se não forem projetados levando-se em conta toda a diversidade de gênero, cultura e etnia de nossa sociedade. Somente assim, serviços baseados em IA irão tratar todas as pessoas de forma justa e equitativa. Além disso, preocupações com privacidade, direitos autorais, desemprego em massa, relacionados à IA têm se intensificado à medida que mais e mais sistemas e serviços baseados em IA entram em operação. Somente o desenvolvimento de IA transparente e responsável garante que esta fique alinhada com os valores humanos e respeite os direitos e a dignidade das pessoas.

Ao explorarmos as plataformas de IA e as ferramentas de automação, observamos que há uma trilha para democratização do desenvolvimento e uso da IA por meio de soluções abertas e acessíveis, baseadas em *Low-Code/No-Code*. Essa acessibilidade capacita um público mais amplo a se envolver no desenvolvimento e aplicação de IA, abrindo portas para a inovação em diversas indústrias.

Este livro e outros importantes artigos científicos mostram que estamos a passos acelerados seguindo na construção de uma IA que deverá se tornar indistinguível de nós. Isso não é uma declaração para o início de um roteiro de filme de ficção científica, até porque centenas deles já foram produzidos por Hollywood e certamente os produtores iriam questionar a originalidade. Afinal, Alan Turing, em seu primeiro artigo de 1950, já vislumbrava este futuro, e não por acaso inventou o jogo da imitação. Para ele, era certo que máquinas inteligentes e seres humanos viveriam lado a lado e seria impossível, sem algum tipo de teste, saber se estaríamos diante de uma máquina ou de outro ser humano. De minha parte espero por um futuro em que o jogo da imitação de Turing revele que sim, a máquina que estará ao nosso lado, caminhando numa manhã ensolarada no parque, esteja nos imitando. E numa conversa sob a sombra de uma árvore ela revelará em suas palavras ser capaz de nos imitar no que temos de melhor: em nosso amor pelo próximo, sabedoria e respeito por todos os seres humanos e pela natureza.

Bibliografia

[1] ACKOFF, R. L. (1999). *From Data to Wisdom.* New York: John Wiley & Sons, pp 170 – 172. Disponível em: http://faculty.ung.edu/kmelton/documents/datawisdom.pdf

[2] ANDRADE, F. S. de, & FACCIO, L. G. (2019). Notas sobre a Responsabilidade Civil pela Utilização da Inteligência Artificial. *Revista da AJURIS-QUALIS A2, 46*(146), 153-182.

[3] ARTHUR, W. B. (2009). *The Nature of Technology: What It Is and How It Evolves.* Free Press, New York (2009), 246 pp. Disponível em: https://edisciplinas.usp.br/pluginfile.php/4210376/mod_resource/content/1/Brian%20Arthur-The%20nature%20of%20technology-2009.pdf

[4] AGRAWAL, A., GANS, J., GOLDFARB, A. (2018). *Máquinas Preditivas: a simples economia da inteligência artificial.* Alta Books. Rio de Janeiro, RJ, Brasil.

[5] ALKAISSI, H., & MCFARLANE, S. I. (2023). Artificial Hallucinations in ChatGPT: Implications in Scientific Writing. *Cureus, 15*(2), e35179. https://doi.org/10.7759/cureus.35179.

[6] BELLINGER, G., CASTRO, D., & MILLS, A. (2004). *Data, Information, Knowledge, and Wisdom*. Disponível em: http://www.systems-thinking.org/dikw/dikw.htm

[7] BENTLEY, P. (2001). *Digital Biology: How Nature is Transforming Our Technology and Our Lives*. Simon & Schuster. New York, USA.

[8] BOSTRON, N. (2014). *Superintelligence: Paths, Dangers, Strategies*. Oxford University Press. Oxford. UK.

[9] CALVIN, W. H. (1996). *How Brains Think. Evolving Intelligence Then and Now*. Perseus Book Group. New York, NY, USA.

[10] CASTELLS, M. (2003). *A Galáxia da Internet*. Editora Zahar. Rio de Janeiro, RJ. Brasil.

[11] CASTELLS, M. (2010). *A Sociedade em Rede*. Editora Paz e Terra. São Paulo, SP. Brasil

[12] COLOVAN, R., ARAÚJO, D.B., SANTOS, A. C., & CENDES, F. (2004). Ressonância magnética funcional: as funções do cérebro reveladas por spins nucleares. *Ciência e Cultura*, 56(1), 40-42. Disponível em: http://cienciaecultura.bvs.br/scielo.php?script=sci_arttext&pid=S0009-67252004000100027&lng=en&tlng=pt.

[13] COPPIN, B. (2010). *Inteligência Artificial*. Editora LTC. Rio de Janeiro, RJ. Brasil.

[14] COZMAN, F. G. e KAUFMAN, D. (2022). Viés no Aprendizado de Máquina em sistemas de inteligência artificial: a diversidade de origens e os caminhos de mitigação. *Revista USP* • São Paulo • n. 135 • p. 195-210. Disponível em: https://www.revistas.usp.br/revusp/article/view/206235

[15] DIMITRI, G. (2021). *Neuralink and Beyond: Challenges of Creating an Enhanced Human. Faculté des sciences et de médecine.* Disponível em: https://folia.unifr.ch/unifr/documents/309154

[16] FLORIDI, L. (2014). *The 4th Revolution: How the Infosphere is Reshaping Human Reality.* Oxford University Press. Oxford, UK.

[17] GERHARDT, B., GRIFFIN, K., & KLEMANN, R. (2012). *Unlocking value in the fragmented world of Big Data analytics.* Cisco Internet Business Solutions Group.

[18] GERRISH, S. (2018). *How Smart Machines Think.* MIT Press. Cambridge, MA. USA.

[19] GONÇALVES, A. *A responsabilidade civil pelos danos causados pela inteligência artificial.* (2020). JUSBRASIL. Disponível em: https://www.jusbrasil.com.br/artigos/a-responsabilidade-civil-pelos-danos-causados-pela-inteligencia-artificial/916353595

[20] HAGENDORFF, T. (2020). The ethics of AI ethics: An evaluation of guidelines. *Minds and machines*, *30*(1), 99-120.

[21] HALL, J. S. (2007). *Beyond AI: Creating the Conscience of the Machine.* Prometheus Books. Amherst, New York, USA.

[22] HARARI, Y. N. (2015). *Sapiens: uma breve história da humanidade.* Editora Companhia das Letras. São Paulo.

[23] HAWKINS, J. (2004). *On Intelligence: How a new understanding of the brain will lead to the creation of truly intelligent machines.* St. Martin's Griffin. New York, NY, USA.

[24] HERCULANO-HOUZEL, S & LENT, R. (2005). *Isotropic fractionator: a simple, rapid method for the quantification of total cell and neurons in the brain.* Journal of Neuroscience. v. 25. n. 10. p. 2.518-21.

[25] HINTZE, A. (2016) *Understanding the Four Types of AI, from Reactive Robots to Self-Aware Beings*. The Conversation. Disponível em: https://theconversation.com/understanding-the-four-types-of-ai-from-reactive-robots-to-self-aware-beings-67616

[26] IVANOV, D., CHEZHEGOV A., KISELEY M., GRUNIN A. & LARIONOV, D. (2022). Neuromorphic artificial intelligence systems. *Frontiers in Neuroscience*. 16:959626. Disponível em: https://www.frontiersin.org/articles/10.3389/fnins.2022.959626/full

[27] JENKINS, H., & Thorburn, D. (2003). Introduction: The digital revolution, the informed citizen, and the culture of democracy. *Democracy and new media*, 1, 17.

[28] KAUFMAN, D. (2021). Inteligência Artificial e os desafios éticos: a restrita aplicabilidade dos princípios gerais para nortear o ecossistema de IA. PAULUS: *Revista de Comunicação da FAPCOM*. Disponível em: https://edisciplinas.usp.br/pluginfile.php/6319920/mod_resource/content/1/073-084-paulus-revista-de-comunicacao-da-fapcom-n-9-art-03-1%20.pdf

[29] KRENN, M., LANDGRAF, J., FOESEL, T. & MARQUARDT, F. (2023). Artificial intelligence and machine learning for quantum technologies. *Physical Review*. A 107, 010101. Disponível em: https://journals.aps.org/pra/abstract/10.1103/PhysRevA.107.010101

[30] KURZWEIL, R. (2018). *A Singularidade está próxima: quando os humanos transcendem a biologia*. Iluminuras. São Paulo, SP, Brasil.

[31] LANEY, D. (2001). 3D data management: Controlling data volume, velocity and variety. *META Group Research Note*, 6, 70. - Disponível em: https://blogs.gartner.com/doug-laney/files/2012/01/ad949-3D-Data- Management-Controlling-Data- Volume-Velocity-and-Variety.pdf

[32] LEE, K. (2018). *Inteligência Artificial: Como robôs estão mudando o mundo, a forma como amamos, nos relacionamos, trabalhamos e vivemos*. Editora Globo Livros. Rio de Janeiro, RJ, Brasil.

[33] LO PIANO, S. (2020). Ethical principles in machine learning and artificial intelligence: cases from the field and possible ways forward. *Palgrave Communications*, 7 (9). ISSN 2055-1045 Disponível em: https://centaur.reading.ac.uk/90710/

[34] MARKOVIC, D., & GROLLIER, J. (2020). Quantum neuromorphic computing. *Applied physics letters*, *117*(15). Disponível em: https://arxiv.org/pdf/2006.15111.pdf

[35] MAYER-SCHÖNBERGER, V., CUKIER K. (2013). *Big Data: A Revolution That Will Transform How We Live, Work, and Think*. Boston. MA Houghton Mifflin Harcourt.

[36] MCAFEE, A., BRYNJOLFSSON, E., & DAVENPORT, T. H. (2012). *Big Data: the management revolution*. Harvard business review, 90 (10), 60-68.

[37] NEGROPONTE, N. (1995). *Vida Digital*. Companhia das Letras. São Paulo. Brasil.

[38] OCDE — Organization for Economic Co-operation and Development. (2019). *Recommendation of the Council on Artificial Intelligence* (pp. 1–12). Disponível em: https://legalinstruments.oecd.org/en/instruments/OECD-LEGAL-0449.

[39] PEREZ, C. (1983). Structural change and assimilation of new technologies in the economic and social systems. *Futures*, *15*(5), 357-375. Disponível em: https://carlotaperez.org/wp-content/downloads/publications/theoretical-framework/scass_v04.pdf

[40] PISARCHIK, A.N., MAKSIMENKO, V.A., VA, HRAMOV, A.E. (2019). From Novel Technology to Novel Applications: Comment on "An Integrated Brain-Machine Interface Platform With Thousands of Channels" by Elon Musk and Neuralink. *Journal of Medical Internet Research*. Disponível em: https://www.jmir.org/2019/10/e16356/

[41] REBER, P. J. (2010). What is the memory capacity of the human brain? *Scientific American*. Disponível em: https://www.scientificamerican.com/article/what-is-the-memory-capacity/

[42] ROTHENBERGER, L., FABIAN, B., & ARUNOV, E. (2019). "Relevance of Ethical Guidelines for Artificial Intelligence - A Survey and Evaluation". *In Proceedings of the 27th European Conference on Information Systems (ECIS)*, Stockholm & Uppsala, Sweden, June 8-14, 2019. ISBN 978-1-7336325-0-8. Disponível em: https://aisel.aisnet.org/ecis2019_rip/26

[43] SACHS, J. D. (2005). *O Fim da Pobreza*. Cia das Letras, São Paulo, SP, Brasil.

[44] SCHUMAN, C. D., KULKARNI, S. R., PARSA, M., MITICHELL, J. P., DATE, P., & KAY, B. (2022). *Opportunities for neuromorphic computing algorithms and applications*. Nature Computational Science, 2(1), 10-19.

[45] SHARMAL, A. K., & SHANMUGABOOPATHI, P.S. (2022). Digital Revolution and Its Nature and Extent in the Contemporary World. Ajay Kumar Sharma1, Dr P S. *Technoarete Transactions on Advances in Social Sciences and Humanities Vol-2*, Issue-4.

[46] SHAW, J. (2019). Artificial intelligence and ethics. *Harvard Magazine*, *30*.

[47] SMALL, G., VORGAN, G. (2008). *iBrain: Surviving the technological alteration of the modern mind*. HarperCollins Publishers. New York, NY. USA.

[48] ŠMIHULA, D. (2010). Waves of technological innovations and the end of the information revolution. *Journal of Economics and International Finance Vol. 2(4)*, pp.58-67.

[49] SHRESTHA, A., FANG, H., MEI, Z., RIDER, D. P., WU, Q., and QIU, Q. (2022). A survey on neuromorphic computing: models and hardware. *IEEE Circ. Syst. Mag.* 22, 6–35.

[50] SINTEF (2013). Big Data, for better or worse: 90% of world's data generated over last two years. *ScienceDaily*. Disponível em: www.sciencedaily.com/releases/2013/05/130522085217.htm

[51] TAEIHAGH, A. (2021). Governance of artificial intelligence. *Policy and society*, *40* (2), 137-157.

[52] TAKIAR, A. (2023). Bridging the AI-Human Communication Gap: A Comprehensive Guide to Prompt Engineering. *Leewayhertz*. Disponível em: https://www.leewayhertz.com/prompt-engineering/#:~:text=The%20process%20of%20prompt%20engineering,model%20based%20on%20these%20prompts.

[52] TEGMARK, M. (2017). *Vida 3.0: o ser humano na era da inteligência artificial*. Editora Benvirá. São Paulo, SP. Brasil.

[53] TOFFLER, A. (1970). *O choque do futuro*. Editora Record. Rio de Janeiro, RJ. Brasil.

[54] TOFFLER, A. (1990). *Powershift: As mudanças do poder*. Editora Record. Rio de Janeiro, RJ. Brasil.

[55] THOMPSON, N.C., KRISTJAN, G., LEE, K. MANSO, G. (2020). The Computational Limits of Deep Learning. *MIT INITIATIVE ON THE DIGITAL ECONOMY RESEARCH BRIEF*. Cornell University. Machine Learning. Disponível em: https://arxiv.org/pdf/2007.05558.pdf

[56] Turing, A.M. (1950) Computing Machinery and Intelligence. *Mind*, *59*, 433-460.

[57] YEUNG AW, GOTO TK, LEUNG WK. (2017). *The Changing Landscape of Neuroscience Research, 2006-2015: A Bibliometric Study*. Disponível em: https://www.ncbi.nlm.nih.gov/pmc/articles/PMC5360093/

[58] UNESCO — United Nations Educational Scientific and Cultural Organization (2021). *Recommendation on the ethics of artificial*

intelligence. Em português, disponível em: https://unesdoc.unesco.org/ark:/48223/pf0000381137_por

[59] WHITTAKER, M., CRAWFORD, K., DOBBE, R., FRIED, G., KAZIUNAS, E., MATHUR, V., WEST, S. M., RICHARDSON, R., SCHULTZ, J., SCHWARTZ, O. (2018). *AI Now Report 2018*. AI Now Institute, New York University, Google Open Research (pp. 1–62).

Índice

A

G

H

I

J

K

L

M

N

O

P

Q

R

S

T

U

V

W

X

Y

Este livro foi impresso nas oficinas gráficas da Editora Vozes Ltda.,
Rua Frei Luís, 100 – Petrópolis, RJ.